LOS NUEVE MANDAMIENTOS

MICHAEL REH

LOS NUEVE MANDAMIENTOS

CÓMO SOBREVIVIR A LOS ABUSOS

BE

Belle Époque Press

Translated from the German language by BE Press

Original Publication: Die neun Gebote – Wie man sexuellen Missbrauch überlebt, 2023

Cover: Charles Verlag
Author Photo: Tony Sargent NYC

ISBN: 978-3-96357-395-8

LOS NUEVE MANDAMIENTOS

1. PUEDES TENER MIEDO

El miedo es un primer compañero, un primer sentimiento asociado al maltrato.

¡No tienes porqué sentirlo, no deberías! Pero puedes sentirlo. Dirige tus sentimientos en una dirección positiva, hacia las posibilidades que aguardan dentro de ti, hacia la realización, el procesamiento y la solución.

2. PUEDES RECONOCER QUIÉN ERAS Y ERES

En este apartado, hablaré del período de tiempo antes de que el abuso se produzca, así como durante el mismo (no importa cuánto haya durado) y las consecuencias que este delito supone a la víctima, desde mi propia historia, que estuvo determinada por circunstancias sociales, políticas y morales.

¿Quién abusó de ti? ¿Fue un familiar o un extraño?

En qué momento social se produjeron los abusos es un punto importante. ¿Cómo actuaba la sociedad? ¿Cuál era su postura política, moral y religiosa?

Estos factores aclararán algunos puntos de su caso en particular.

Así mismo, tienes que confiar en tus sentimientos y recuerdos, ya que en la mayoría de los casos no existen pruebas. Las imágenes viven dentro de nosotros y a menudo son tan amenazadoras para la vida, que las reprimimos.

3. PUEDES CREER EN TUS RECUERDOS Y SENTIMIENTOS.

Los sentimientos e imágenes reaparecen en el proceso de despertar, de recordar (si se ha producido una represión del trauma). Por ello es importante saber cómo tratarlos. Un capítulo enfocado al superviviente adulto y que aporta información vital para los afectados colaterales.

4. PUEDES ENFRENTARTE A LAS SITUACIONES

El cuarto paso, tras el reconocimiento del trauma y confiar en los propios recuerdos y sentimientos, es la aceptación de la historia como propia.

Este proceso está ligado al miedo y a la prohibición de hablar de lo sucedido.

Analizaremos la VERGÜENZA, la DESHONRA y el

AISLAMIENTO, los tres pilares básicos que provocan el silencio sobre los abusos.

Se hablará de la ira, de la familia, los hermanos, los amigos y sus posibles reacciones y sensibilidades propias. Un capítulo importante para las personas que conviven con supervivientes.

5. PUEDES CUIDARTE SIN AUTOLESIONARTE

El proceso de autoaceptación es largo. Se trata de reconocer los propios patrones y los comportamientos determinados por el pasado. Las estructuras negativas y los comportamientos autodestructivos que hunden sus raíces en el abuso.

También abordaremos el consumo de drogas y el cómo se afronta la sexualidad siendo adulto.

6. PUEDES TOMAR DECISIONES POR TI MISMO

Hablaremos sobre cómo lidiar con el saboteador interior, en una sociedad que culpa a la víctima/superviviente, por vergüenza y por no enfrentarse a su propio fracaso. (¡Culpa!) Veremos cómo influyen los preceptos de la Iglesia Católica.

Se trata de ser honesto con uno mismo, sobre todo

siendo adulto. De reconocer los límites internos y externos, por dónde empiezo y hasta dónde llego.

¿Cómo se manifiesta todo eso en el mundo laboral? ¿Estás aprovechando todo tu potencial? Y si no es así, ¿a qué se debe?

7. PUEDES CONFIAR, TAMBIÉN EN TI MISMO

Abordaremos la asociación, las habilidades sociales y la búsqueda de los propios valores que nos determinan como personas.

Puedes confiar en ti mismo.

El mundo digital dificulta la cercanía humana y a menudo nos reduce a patrones, apariencia y preferencias sexuales, sean estas cuales sean. ¿Por qué nos distanciamos del mundo analógico?

Hablaremos también de cómo afrontan los hombres las experiencias de abuso.

8. PUEDES SOBREVIVIR

¿Qué ocurre después de que, conscientemente, hayas afrontado y comprendido tu historia? Empiezas a conectar los sentimientos, la comprensión y la sensualidad.

¿Y qué hay de los comportamientos contraproducentes que se arrastran durante este proceso progresivo de curación y autocomprensión y las dudas sobre uno mismo?

Necesitamos nuestras propias "cajas de cristal", nuestros lugares de retiro. Pero, ¿a quién protegemos como supervivientes? ¿A qué víctimas secundarias colocamos en cajas de cristal negativas? Y, ¿por qué?

9. PUEDES CAMINAR POR NUEVOS CAMINOS

Mirar al pasado, a la ira sentida, y dejarlo ir. Probar cosas nuevas, también en el mundo laboral, sin limitaciones.

Exploraremos cómo afrontar el Trastorno de Estrés Postraumático (TEPT) y cómo conectar con otros supervivientes. Descubriremos cómo utilizar nuestra propia voz.

A. PREFACIO

Este libro se trata de una guía sobre cómo sobrevivir y afrontar los abusos sexuales; no es un programa de 9 pasos que se leen y se pueden poner en práctica inmediatamente; no es una guía de comida rápida; ¡no es un Insta-libro!

Los procesos mentales funcionan lentamente y se necesita de tiempo para poder cambiarlos. No se pueden cambiar con pastillas, lecturas rápidas u otras supuestas varitas mágicas. Tampoco con programas que ofrecen soluciones rápidas.

Desgraciadamente, vivimos en una época en la que todo tiene que suceder rápido. ¡Ya mismo! Aquí está la solución a tu problema, tan solo hazlo.

Pero vaya, tropiezas y el cambio no se da tan rápido. ¿Acaso hay resistencia dentro de ti? ¿En tu entorno? ¿En tu familia? ¿No actúas como la sociedad espera que lo hagas? ¿Quizá no actúas como tú mismo esperas de ti?

¿Cuáles son esas expectativas y de dónde proceden?

Necesitarás tiempo para sanar, para procesar. Tiempo para encontrarte a ti mismo. La supervivencia requiere fuerza.

Puede que sientas resistencia en tu interior cuando

leas este libro, no es otra cosa que tu propio miedo a enfrentarte a tu historia. No importa si tú mismo has sufrido abusos sexuales o si eres un afectado colateral. ¿De qué trata tu caso concreto y a qué tienes miedo (todavía)?

Estás abordando un gran tema tabú. ¡El abuso sexual!

Es un tema abrumador para todas las víctimas (incluso las secundarias) que se enfrentan a él para procesar sus propias experiencias. En esta guía comparto mi historia personal, mi viaje de víctima a superviviente, para que puedas ver que no estás solo. Para que podamos reconocer los puntos de intersección que nos conectan.

Los que hemos sobrevivido a abusos, conectamos con dinámicas muy específicas. Descubrir cómo ayudarnos a nosotros mismos es lo que tenemos que averiguar en primer lugar. Encontrar nuestra voz y ser capaces de vivir nuestras vidas a largo plazo, sin que el maltrato lo ensombrezca todo. De eso trata este libro.

Mi novela autobiográfica *Katharsis* trataba el tema del "abuso sexual" por medio de mi propio ejemplo. Pero *Katharsis* era una novela y contenía escenas y momentos que yo no había vivido, como el asesinato y la pornografía, pero que también forman parte de todo el tema que estamos tratando aquí.

Esta guía se dirige principalmente a los supervivientes de abusos sexuales, pero también a quienes no han sufrido abusos y tienen que enfrentarse a este problema. Familiares, amigos y personas implicadas profesionalmente: educadores, médicos, profesores, psiquiatras o terapeutas. En algunos capítulos me dirigiré directamente a estas personas, resaltando y explicando cosas que van especialmente dirigidas a los afectados colaterales. Con este libro pretendo concienciarnos a todos.

Pero, aunque no siempre hablaré directamente a las víctimas secundarias, aprenderéis mucho con todo el contenido. A través de mi historia y reconociendo las dinámicas, comprenderéis las conclusiones y sugerencias que pueden extraerse de todo esto. Dado que muchos supervivientes guardan silencio sobre sus abusos, con la presente lectura podréis reconocer los signos, las pistas inconscientes y las señales que un superviviente envía de forma no verbal.

Esto no es una guía. No puedo darte una píldora curativa, una verdad exhaustiva, un programa de nueve pasos que te garantice el éxito. Cada "caso" de abuso sexual, de violencia sexual, es individual.

No se trata sólo del "acto" sexual cometido por el agresor, se trata de la violencia sexualizada, la agresión, la violación del cuerpo y del alma que sufre cada superviviente. Se trata del poder y la pérdida de control y las consecuencias y efectos del abuso en los supervivientes, la familia y la sociedad.

Tu herida no se cura con medicamentos ni con

cirugía, porque tu herida yace en lo más profundo de tu alma, en tu subconsciente, y es una compañera constante en tu vida. En última instancia, solo podrás curarte cuando estés preparado, cuando sea el momento adecuado en tu vida. Sentirás que es el momento, pero podrás empezar cuando lo desees.

Ahora, por ejemplo. ¡En este momento!

Este libro no sustituye a una terapia, ni al amor ni a los cuidados de padres y amigos. Especialmente la aceptación y el amor de los padres, es lo más importante para un superviviente que ha sufrido abusos sexuales. Como madre o padre, tienes que ser consciente de lo importante que es para tu hijo, aunque ya sea adulto, que le creas y no le dejes solo. ¡El tema en sí mismo es de por sí incómodo! Te obliga a cuestionarte a ti mismo. Podrías tener un compañero que es un maltratador y sentir miedo a las consecuencias. Precisamente por eso el tema de los "abusos sexuales" (violencia sexualizada) sigue siendo tabú, porque demasiadas víctimas callan y muchos afectados colaterales prefieren cerrar los ojos, los oídos, la mente y el corazón y mirar hacia otro lado. Rechazan el tema procurando alejarlo.

Espero que este libro te aporte la seguridad de que no estás solo, de que no estás aislado con tu problema.

A principios de los noventa, cuando realmente empecé a enfrentarme a mis malos tratos, apenas había bibliografía sobre el tema. Y si la había, era puramente científica. Entonces, en 1992, descubrí una sofisticada revista femenina publicada en Nueva York llamada "LEARS".

En la cubierta había una pala negra sobre un fondo blanco, debajo de ella, en letra infantil, la palabra *ABUSO*. Se trataba de un informe de diez páginas. ¿Y qué importancia tuvo para mí? Me hizo sentir que no estaba solo, que había otras personas a las que les había pasado lo mismo o cosas parecidas; en definitiva, violencia sexual por parte de un adulto.

Fueron diez páginas que cambiaron mi vida.

Los abusos sexuales apenas se mencionaban en la prensa de la época, y si lo hacían, era veladamente. El tema no estaba presente en las mentes del gran público. No fue hasta hace pocos años que se empezó a hablar públicamente de los abusos sexuales.

Somos la primera generación que tiene la oportunidad de marcar una verdadera diferencia al no apartarse por miedo y vergüenza.

Deseo que este libro te provoque algo parecido a lo que provocó en mí aquel artículo de diez páginas de la revista LEARS.

Esta guía te aportará, como superviviente, ideas, conocimientos y comprensión de tu propia situación individual.

Pero también si eres familiar o alguien cercano a una víctima de abusos te interesa informarte acerca de este tema, aunque no hayas vivido la terrible experiencia de un abuso sexual.

El maltrato es una cuestión global que afecta a todos los aspectos de la vida de las personas afectadas. Esto también se aplica, mucho más de lo que nos gustaría reconocer en un primer momento, a todas las dinámicas sociales.

Tal vez pueda aportarte información nueva, elementos de reflexión que cambien tu forma de ver las cosas y de comportarte, pero, sobre todo, ¡que provoquen un cambio! Si cambias tu forma de pensar y te implicas de verdad con este libro, podrías dar un giro a tu vida.

¿Te interesa esta idea?

En los nuevos (nueve) mandamientos, llamaré tu atención sobre muchas circunstancias, estructuras y procesos inconscientes que tú también reconocerás. Veremos las trampas en las que podemos caer una y otra vez.

Nos adentraremos en la historia, hablaremos de la vida, y de la mía en particular, abordando las experiencias traumáticas. Permíteme un consejo cariñoso: si en algún momento te ves sobrepasado leyendo este libro, apártalo por unos días.

Tómate tu tiempo.

Te darás cuenta si llegaras a necesitar un descanso.

Cuando estás inquieto o cansado, no puedes concentrarte, quieres salir corriendo; preferirás fregar los platos a seguir leyendo. Si eso llegara a pasar, no te preocupes, es perfectamente normal dado el complejo tema que nos ocupa, aunque ya lleves tiempo trabajando en tu historia.

Este libro puede desencadenar muchas cosas en ti. Para mí, escribirlo ha desencadenado una nueva catarsis. Estos procesos psicológicos necesitan tiempo, así que, tómatelo.

Nunca te pongas bajo presión. Este es tu espacio, tu libro y tú marcas el ritmo. Tú decides cuándo lo lees, cómo lo lees y qué sacas de él. El tiempo te ayudará a entender las cosas.

De ahí puede surgir el cambio y la curación.

B. INTRODUCCIÓN

¡ABUSO!

¡Abuso sexual!

¡Violencia en la familia, agresión, violación del cuerpo y del alma del niño, soledad y aislamiento! ¡Poder absoluto sobre niños y jóvenes desprotegidos! Consecuencias duraderas para los afectados.

Palabras duras. Palabras que la mayoría de la gente prefiere no escuchar. Temen no poder soportar lo que oyen.

"¡No me lo puedo ni imaginar!"

Un encogimiento de hombros, una mirada de reojo.

Cambio de tema.

Yo, y probablemente tú también, hemos vivido esto a menudo.

¿Qué significaría para ti, como afectado secundario, o no afectado, si al contar algo te respondieran: ¡No me lo puedo ni imaginar!?

¿Alguna vez has leído los Cuentos de los hermanos Grimm? Veamos, Hansel y Gretel, unos niños encerrados, abandonados por sus padres, seducidos y devorados por una mujer malvada. Pero también

Caperucita Roja, Juan de hierro, los seis cisnes, o la Reina de las Nieves.

Todas esas historias están llenas de metáforas sobre el abuso sexual, el abuso infantil y la violencia sexualizada.

¿No te puedes imaginar ese tipo de cosas? ¿No lees el periódico? ¿No tienes internet? ¿No ves la televisión? ¿O es que simplemente miras para otro lado cuando se trata de casos de abusos en la iglesia, en clubes deportivos, en campings, en internados, en colegios o dentro de familias?

Por un lado, no tienes la culpa, porque todavía hay muy poca educación sobre los abusos sexuales. Pero tal vez, el hecho de que no quieras ni imaginártelo, también tenga algo que ver con el hecho de que este tema resulte tan extraño, tan abrumador, tan amenazador para cualquier persona. Naturalmente, aceptar este problema también supone un cambio para ti y en tu vida.

Los "Nueve Mandamientos" quieren ayudar introduciendo y educando en la materia.

El maltrato es una cuestión difícil y compleja, un tema tabú, incluso hoy, en 2023. Muchas personas simplemente no saben cómo afrontarlo cuando les afecta a ellos mismos o a algún familiar, amigo o persona a cargo.

El tema de los abusos sigue rodeado de silencio, vergüenza y aislamiento.

Me quedo junto a ti en este libro, porque escribo sobre un tema tan cercano, tan personal, que necesita un "tú", una conexión, un compromiso mutuo; tú conmigo y este libro; yo contigo, escribiéndolo para ti, aunque no nos conozcamos. Tanto si eres un superviviente como un afectado secundario, un amigo, un familiar, una madre, un padre, una hermana o un hermano, o incluso alguien que no quiera eludir su responsabilidad, que quiera entender y comprender.

Hay muchos puntos que desgraciadamente no se conocen cuando se trata de este tema.

¿Cómo supera una persona afectada su miedo, sus sentimientos, su soledad, su aparente incapacidad para expresarse y (supuestamente) el hecho de no poder hacerlo? Especialmente en una sociedad o en una familia que no quiere hablar de ello, que excluye el tema porque es demasiado amenazador.

No soy ningún profesional, ni doctor en psicología, ni trabajador social, ni terapeuta, ni un profesor que analiza datos y saca conclusiones. En los últimos años me han tocado a menudo algunos de estos expertos en entrevistas que he concedido para mi libro *Katharsis*, algunos eran competentes, otros más bien no, algunos fueron realmente buenos y experimentados, otros, tristemente incompetentes. Hay profesionales maravillosos, especialmente en los servicios sociales y de salud mental, y su trabajo es a menudo inestimable. Yo tuve suerte con mi primera terapeuta, Eva, a la que acudí en Nueva York, que supo ver que yo aprendo a través de imágenes. Años más tarde cambié a otro terapeuta, un hombre con un título académico en la pared y algunos libros publicados, y ¿sabéis qué? ¡Me recomendó comer espinacas y piña cuando estuviera bajo presión! Un consejo muy extraño, que por supuesto no seguí.

Otro terapeuta se enfadó conmigo porque yo, sin que él me lo indicara previamente, confronté a mi familia y a mi abusadora En este punto hay que preguntarse por qué y cómo actúa un experto y qué motivos le llevan a dar tales consejos. Todos son personas, como tú y como yo, con su propia historia y sus propios dramas. Y por eso este libro también está escrito para quienes se ocupan profesionalmente de este tema a diario. Además de para aquellos afectados o que el abuso sexual se ha dado en su propia familia.

Cuando estés preparado para la terapia, infórmate antes sobre la persona que te atenderá y decide por ti mismo si el terapeuta es adecuado para ti. Tienes derecho a tomar esa decisión.

Este es el primer punto importante: Tienes derecho a decidir, porque se trata de ti y de tu historia.

No debes renunciar a la responsabilidad que tienes sobre ti mismo. Tú determinas tu camino a partir de ahora.

¿Por qué siempre se presenta a los supervivientes como víctimas? ¿Como débiles, sufridores y pasivos?

¿Por qué, cuando hice pública mi historia, se me asignó un experto para que me asistiera? ¿No bastaba con mi testimonio? ¿Por qué tiene que ser aprobado por expertos externos?

Para mí, como víctima de abusos sexuales, esto tiene algo que ver con la culpabilización. Como superviviente, siempre tienes que justificarte y demostrar lo que vales y lo que dices.

Bajo mi punto de vista, supone un rechazo a mi verdad.

SUPERVIVIENTE

En este libro utilizo este término deliberadamente, en lugar del de víctima.

El lenguaje es importante. ¿Cómo lo usamos, cómo lo empleamos? ¿Cómo nos tratamos a nosotros mismos a través del lenguaje?

No quiero ser una víctima, porque para mí esta palabra implica ser incapaz y que esto venga determinado desde el exterior, una indefensión para liberarme del abuso, de la violencia sexual que sufrí de pequeño.

¿Cómo te hablas a ti mismo? ¿Es realmente tu propia voz, o repites inconscientemente las opiniones de los demás?

Me vi obligado a convertirme en mi propio experto, o dicho de otro modo, decidí ir en busca de las raíces de mi comportamiento influenciado por los malos tratos. Un comportamiento que a menudo no estaba determinado por mí mismo, como yo creía, sino que se veía ensombrecido por los malos tratos y las limitaciones y estructuras posteriores.

A mí, personalmente, no me ayudaron cuando era pequeño. Eso fue a finales de los sesenta y mediados de los setenta.

Muchas cosas han cambiado desde entonces y hoy en

día hay mucha ayuda. Pero primero hay que encontrar el valor, superar los límites y liberarse del lastre de la vergüenza, la desgracia y el aislamiento.

También sé esto por experiencia. He tenido que escuchar muchos comentarios (negativos) sobre mí a lo largo de mi vida.

"Acabarás como peón en la fábrica, no llegarás a nada", me dijo mi padre. "Sacadle de la escuela, ¡no lo conseguirá!", dijo mi profesor de matemáticas. "Primero se creyó que podría estudiar, luego actuar, maquillar y después, ser fotógrafo. Y entonces llega a los cincuenta y tantos y publica un libro sobre abusos, una novela. Menudo fotógrafo, solo sabe retratar a chicas posando delante de palmeras. La novela está bien, pero está llena de tópicos. No es un gran libro".

¡En fin! La gente, el mundo, los medios de comunicación, ¡incluso los amigos quieren reducirte a algo sin ver tus posibilidades!

¿Por qué alguien dice algo negativo sobre ti, te menosprecia, te hace una advertencia "bienintencionada", pero no hace más que limitarte con tales afirmaciones? También veremos todo esto en detalle, juntos en este libro.

Pero es mucho más importante otra pregunta: ¿Por qué les haces caso, por qué te dejas limitar y empequeñecer?

¿Por qué no puedes (todavía) defenderte y gritar: ¡Dejad de encasillarme por el simple hecho de que vosotros lo estáis!? ¿Por qué me prohibís hablar sólo porque a vosotros mismos os da miedo el tema de los abusos? ¿Por qué sigues escuchando, como lo has hecho tantas veces? "Déjalo ya, en algún momento tendrás que superarlo, ¡ya ha pasado mucho tiempo!".

¿Por qué les haces caso y te quedas atascado en tus estructuras familiares (de víctima)?

Esto tiene una explicación sencilla: primero hay que reconocer dichas estructuras. Las tuyas y las de los demás. Y eso requiere tiempo.

De todo eso hablaremos en los "Nueve Mandamientos". Es un proceso eterno de aprendizaje y de conocimiento de uno mismo. De cambiar en una dirección que sea buena para ti, para llegar a tener autodeterminación.

Para dejar de tropezar con las trampas de los viejos patrones. Y cuando eso ocurra, lo reconocerás a tiempo.

Así que libérate de la presión, sobre todo si estás empezando a enfrentarte a tu abuso y a tu trauma. Y eso puede ocurrir cuando tengas 30, o 40, o incluso más adelante. Lo principal es que ocurra.

Hay un punto importante que debes tener en cuenta desde el principio.

Tanto si eres hombre o mujer, joven o mayor, tanto si tus abusos ocurrieron hace mucho tiempo y los has empezado a recordar ahora, o si llevas mucho tiempo reviviendo esos recuerdos y no te has atrevido a hablar de ello hasta ahora, tanto si fue una mujer quien abusó de ti, o un hombre, tanto si el agresor era aún joven y tú eras un niño, tanto si lleva sucediendo durante años, o puede que solo ocurriera una única vez... Hay muchas formas diferentes de abuso sexual, violencia sexual y violación. No hay lugar para las comparaciones, no hay casos peores que otros.

EL ABUSO ES ABUSO y hace daño al alma y al cuerpo.

Soy un hombre, tengo ahora sesenta años y llevo tres décadas tratando este tema. Intensamente desde 2004 y muy específica y públicamente desde hace más de tres años. Hay puntos, patrones de conducta y formas de comportarse que se aplican a nosotros, como supervivientes, en conjunto. Y estos puntos de intersección necesitan ser reconocidos y examinados más de cerca.

También incluyo a las "víctimas secundarias" (afectados colaterales), para que padres, familiares y amigos sepan reconocer los signos.

No dejes el libro a un lado cuando te resulte difícil seguir leyendo. Tómate un respiro, tómate tu tiempo, pero continúa.

El hecho de que hayas decidido leer esta guía demuestra que quieres ayudarte a ti mismo y/o a otra persona. Es un paso importante y muy valiente.

¡NUNCA ES BUENO!

Sólo cuando te hayas enfrentado a tu situación, la hayas analizado, comprendido y asimilado en tu mente y en tu corazón, solo entonces empezará el cambio y la curación. Será en ese momento cuando podrás aprender a vivir con este problema. A vivir bien.

Hay muchos caminos hacia la curación. El mío fue hacer público el asunto, pero tu camino puede que sea diferente. Todo el mundo debería poder elegir cómo afrontar su historia. Ayuda buscar, cuándo, dónde y cómo. Muchos no tienen esta opción porque la sociedad, y también la legislación, a menudo les defraudan. No sabemos cuántos callan porque así lo han elegido y cuántos callan porque no tienen otra opción.

En cuanto a ti, como superviviente de abusos sexuales o violación, conoces la causa de tu cambio y los problemas que surgieron de él. Personalmente creo que sólo cuando uno se enfrenta al autor o perpetrador, y no ignora el crimen cometido contra ti, puedes liberarte realmente. Dejarás de vivir en ese aislamiento interior.

¡El maltrato es una cuestión de seguir con vida!

El maltrato siempre formará parte de tu vida, pero puedes aprender a lidiar con él y formará parte de tu vida.

De esa manera tendrás el control, porque no huyes, te enfrentas a tu situación. Eres tú quien decide lo que va a pasar, no el agresor, ni la sociedad, ni tu familia. Tú decides.

Busca ayuda, algún aliado. Este libro es tu aliado; yo soy tu aliado. Sé cómo te sientes. Si yo he recorrido ese camino, tú también puedes hacerlo. Acude a un grupo, a terapia, habla de lo que has vivido.

En mi caso personal, las preguntas que no daban crédito a mi historia, la persona que no salía de su asombro y los movimientos negativos de cabeza, provinieron de diferentes lados.

¿Abusar las mujeres?

Uno de cada cinco abusadores es una mujer.

"Eso no es posible, ¿cómo puede ser posible?".

"¡Qué tontería, ni siquiera tienen pene, nunca harían algo así!".

Sí, es cierto.

Cuando convoqué mi propio tribunal familiar a los cuarenta años, el marido de la culpable, mi tío Kurt, dijo con una sonrisa burlona: "Eso son tonterías. No podías haberte acostado con ella. Eras un niño".

¡¡¡TÚ!!! ¡TÚ NO PODÍAS TENER SEXO CON ELLA!

Cierto, yo tampoco. Ella ¡infligió violencia sexual contra mí!

Y ahí radica la diferencia. No se trató de sexo consentido. No hubo intimidad ninguna.

El acto sexual es un arma utilizada por el agresor.

Los abusos sexuales son violencia sexualizada, no es sexo.

Mi tía cometió un abuso sexual no deseado por mí, cuando yo tenía cinco años. ¡Y esto ocurrió durante los ocho años siguientes!

Y 35 años después, cuando logro superar el sentimiento de culpa, de repente me culpan de todo.

Tú fuiste el que tuviste que sufrir el abuso, no el agresor.

Y si quieres emprender acciones legales contra el agresor, necesitarás pruebas y testigos, y tendrás que respetar los plazos de prescripción del delito. En definitiva, tienes que justificarte.

¿Pruebas? ¿Testigos? ¿Así lo exige la jurisprudencia? Esto resulta complicado si el abuso, como fue mi caso, tuvo lugar antes de la era digital y nadie se dio cuenta de nada, supuestamente. Es decir, cuando no hay "testigos".

Y además si, como en mi caso, el delito había prescrito hacía tiempo, resulta algo imposible.

Desde el principio quise saber de dónde procedían los malos tratos en mi familia. ¿Era yo la excepción? Por desgracia, no. No fui el único. En mi familia hay seis hombres en la línea paterna que también sufrieron abusos.

No me extraña que nadie quisiera oír hablar de ello. Al hablar de mis abusos, me convertí en alguien que quería romper la paz familiar.

A finales de febrero del 2020 me senté con Bettina Böttinger en el programa de entrevistas *Kölner Treff* para presentar *Katharsis*. Esa noche me convertí en una figura pública en Alemania, vinculada al tema de los abusos sexuales.

En las semanas siguientes, recibí más de tres mil correos electrónicos, mensajes y comentarios personales en las redes sociales, en su mayoría de supervivientes. La mayoría, mujeres.

Si tanta gente se pone en contacto conmigo personalmente, ¿cuál es el verdadero número de afectados, a los que intento dar voz con mi historia? Según la Organización Mundial de la Salud (OMS), estamos hablando de un millón de casos en 2019, solo en Alemania.

Desde este programa, el tema de los malos tratos ha determinado mi vida con más intensidad que antes.

¿Cuánto hay de cierto en lo que describo en *Katharsis*? Emocionalmente, un 100%.

Pero esta guía es otra cosa:

"Los Nueve Mandamientos" es un libro personal, una conversación, un diálogo en el que cuento mi verdadera historia y de la que tú, como lector, puedes extraer ideas que sean importantes para ti y que te puedan conducir a la curación.

En nuestra sociedad, ¿Adónde lleva el abuso de niños, y de adultos? Porque la violación es claramente un abuso sexual. Es sorprendente hasta qué punto se acepta la "normalización" de los abusos.

Los cambios legislativos se producen con demasiada lentitud.

¿Cómo es posible que el maltrato no se hubiese tipificado como delito en Alemania hasta hace dos años? Antes era un delito menor, un "pecadillo", y con demasiada frecuencia se desestimaba.

¿Cómo puede ser que la Iglesia Católica, hasta el día de hoy, solo haga declaraciones públicas cuando se ve obligada a hacerlo por presión de los medios de comunicación o de los supervivientes? No contentos con ese silencio, los sacerdotes perpetradores de estos crímenes son simplemente trasladados, en ocasiones, a África o Sudamérica, donde la población es aún más vulnerable.

Es allí donde casi nadie se da cuenta y las víctimas se quedan solas.

¿Por qué se producen tantos abusos dentro de la Iglesia Católica? ¿Podría tener algo que ver con el hecho de que se trata de un sistema represivo de hombres, que gira en torno al poder y al dinero y en el que no se permite la sexualidad (homo)?

Una dinámica, como la de los abusos sexuales, está determinada por el silencio, la vergüenza y la represión. Este hecho se aborda demasiado poco, al igual que el hecho de que las mujeres también abusan. ¿Cómo es posible que la Iglesia Católica haya pagado tres mil millones de dólares a supervivientes de abusos por parte de sacerdotes y monjas?

Quisiera subrayar aquí que no estoy en contra de la fe católica ni de la religión o la fe en sí mismas. Pero en nombre de Dios se pasan por alto demasiadas cosas en la propia institución de la Iglesia y en la política, que no están bien. ¿Qué se podría haber hecho con esos 3.000 millones de dólares para prevenir los abusos? ¡Trabajar preventivamente! ¡Educar!

¡La política también va demasiado lenta! Y todo el trabajo social y la atención de salud mental no sirven de nada si el personal no está al día o si faltan los recursos financieros.

¿Y qué tenemos como resultado? Algo tabú, silencio, vergüenza, desgracia, aislamiento e ignorancia. Porque los abusos sexuales se producen a puerta cerrada, en secreto, sin testigos.

"Te lo estás inventando, estás fingiendo", me dijo mi padre cuando le conté mis experiencias. Y para entonces yo ya era un hombre adulto. Para más inri él era un superviviente de abusos sexuales. Fue abusado, entre otras, por la misma mujer, su cuñada, cuando él era mucho mayor que yo. Hasta aquí la represión y el hecho de que "sacrificó" a su hijo porque tenía miedo de su propia historia y de la confrontación. A mi padre le faltaron las herramientas, el conocimiento y el valor para enfrentarse a sus propios abusos.

Así que es hora de acabar con el silencio. Y ahí es donde entran en juego los medios de comunicación y las redes sociales, por supuesto. ¿Por qué en los documentales sobre Whitney Houston y Michel Jackson, por citar solo a dos superestrellas mundiales, solo se informa de sus abusos en los últimos años y después de sus muertes? En el caso de Houston, obviamente, tuvieron algo que ver con su consumo de drogas y su propia autodestrucción, pero fue víctima de abusos sexuales por parte de un pariente mayor y nunca se abordó realmente esta cuestión. En el caso de Michael Jackson, el superviviente se convirtió en agresor. Michael Jackson, al menos, sufrió violencia a manos de su padre y estuvo muy alienado desde niño. En cuanto a su papel como agresor, hay un excelente documental sobre ello: "Leaving Neverland", con un debate posterior dirigido por Prag Winfrey.

¿Cómo tratan el tema los medios de comunicación, especialmente el cine? ¿Existen realmente buenas películas sobre abusos sexuales? Y, ¿por qué, cuando se hacen, se suelen comercializar de forma diferente? Porque el tema del "abuso sexual" no es necesariamente el tema central del *marketing*. Es el caso, por ejemplo, de "Georgia Rules" con Jane Fonda o "Dolores Claiborne" con Kathy Bates. Ambas películas tratan del abuso de una joven por parte de su padre o del novio de su madre. En "Dolores Claiborne" se retrata muy bien el trauma de la hija, que no puede recordar los abusos de su padre durante décadas. Las películas se comercializaron como comedia (Georgia) y thriller (Dolores).

Otras películas excelentes, como "Das Fest", de Thomas Winterberg, van muy por delante y tratan el tema de los malos tratos de forma honesta y explícita. La película describe una celebración familiar y el enfrentamiento de los hijos adultos con su padre, que es un maltratador. El director también rodó en 2012 la película "La caza", que aborda el tema de los abusos desde una perspectiva diferente. Un niño acusa a un amigo de la familia de haber abusado de él, lo que no es cierto. ¿Cómo llega este niño a hacer tal acusación? La película aborda los complejos procesos del alma del niño y la superposición de procesos conscientes e inconscientes que conducen a dicha acusación.

"Spotlight" es una de las mejores películas sobre los casos de la Iglesia Católica en Boston y cómo la cúpula eclesiástica en Roma encubrió esos actos (¡más de 1200!).

Recomiendo todas estas películas, porque tratan el

tema con respeto y contundencia, y pueden ser bastante útiles en el propio procesamiento.

Hay maravillosos documentales en Netflix sobre el tema con el de las deportistas estadounidenses, Jeffrey Epstein o R. Kelly. Casos en los que la justicia acabó encarcelando a los culpables.

Pero, ¿por qué los medios de comunicación hablan de 16.000 casos en Alemania en 2019, antes de la pandemia, cuando la Organización Mundial de la Salud (OMS) supone alrededor de un millón de casos en el mismo país?

Porque falta información veraz.

¿Qué leemos en la prensa sobre los abusos y los supervivientes? Muy poco. Cuando se trata de famosos, todo el mundo se apresura a subirse al carro. Pero, ¿qué ocurre con los niños desconocidos y otros supervivientes? ¿Qué les ocurre después de los abusos?

La mayoría de las veces sucede de la siguiente manera: Si hay juicio, la sentencia suele ser de libertad condicional. La "víctima" no puede decir nada. Casi nadie sabe lo que realmente siente en su interior y, sobre todo, lo que el maltrato provoca en el superviviente después del juicio. Las consecuencias durarán toda la vida.

Es todo demasiado desagradable, demasiado engorroso, demasiado negativo. Hay que proteger a las "víctimas". ¿Protegerlas de qué? Me pregunto... ¿De ser públicas? (Esto es importante, por supuesto, sobre todo cuando son menores) ¿Protegerlas de la vergüenza y la desgracia? Aun así, lo llevarán dentro toda su vida. El problema no es la protección a las "víctimas", sino el silencio de la sociedad, que no quiere afrontar las consecuencias de los abusos sexuales.

Muchos libros de supervivientes adultos que tratan el tema de los malos tratos, por desgracia, se quedan en el camino y no se llegan a publicar. Y si se publican, no se promocionan lo suficiente. El gran público ni siquiera sabe que existen. Hay que buscarlos. (¿Cómo lo sé? A menudo me los envían los propios autores).

Hasta ahora, por desgracia, muy pocos supervivientes de abusos sexuales han salido a la luz pública y compartido sus experiencias porque, por desgracia, se les ponen demasiados obstáculos.

Un redactor muy ignorante del MOPO de *Hamburgo* me preguntó en una entrevista en septiembre de 2021 si me atrevería a ir a un parque infantil con un niño.

Me quedé perplejo. ¿De verdad me acaba de preguntar eso e insinuar con esta pregunta si yo mismo tengo tendencias pederastas? Una afirmación increíblemente ignorante e insultante, que dice más de la persona que la hace que de mí. No me levanté y me fui, sino que decidí en ese momento iluminar al ignorante de la mejor forma que pudiera. No me resultó fácil.

Como superviviente, a menudo renuncias a muchas cosas.

La agresión no sucede, lo cuentas y ya... Contándolo pretendes que te escuchen (si es que no estás harto de que te llamen mentiroso y de toparte con muros de silencio por todas partes). Precisamente, al ser ignorados, muchos supervivientes se sienten aislados, sienten que pueden dar pocas explicaciones y que tienen poco que compartir.

Hay que trabajar duro durante años para conseguirlo, menudo con dolor psicológico y físico Este libro pretende ayudarte en su búsqueda de ese conocimiento.

Por eso he diseñado los "Nueve Mandamientos". Han sido mi camino personal y mis Nueve Pasos hacia el Conocimiento y la Curación, que tratan de ofrecerte ayuda en tu camino. Y, a todos los afectados colaterales, la posibilidad de comprender cosas que no se podían comprender antes, por el hecho de no haberlas experimentado.

Ilustro con mi ejemplo personal lo que significa el abuso, señalo pautas de comportamiento y lo que conecta nuestras historias. Y a partir de ahí se abren varias posibles soluciones.

Puede que no todos los nueve mandamientos se apliquen a ti. Simplemente utiliza lo que necesites, lo que se aplique a ti y a tu propio camino, a tu propia historia.

Además, en tu caso personal, el orden de los "mandamientos" no tiene por qué aplicarse tal y como yo lo he configurado.

Quizá para ti sea diferente. Quizás no tenías que recordar y las imágenes ya estaban ahí, o quizás tus problemas están en otra parte. Te reconocerás más en unos capítulos que en otros.

Pero se pueden extraer ideas de todos los puntos y temas descritos.

La palabra "mandamientos"

Me gustaría hacer una breve aclaración sobre esto también. ¿Qué alternativa tenemos a esta palabra? ¿Consejos? ¿Sugerencias? ¿Pasos personales y cariñosos a seguir? ¿Por qué he decidido utilizar la palabra "mandamiento", que en realidad también significa que *tienes* que hacer algo, que lo que se dice es ley? En este caso no pretendo que sea así.

En realidad, este libro debería llamarse "Los Nueve Permisos", porque no *tienes* que hacerlo, ni debes hacerlo, pero se te permite. Se te permite resistir, cambiar y tomar las riendas de tu vida.

Puedes permitírtelo, sin restricciones, sin presiones. No necesitas permiso, porque puedes dártelo a ti mismo.

Los 10 Mandamientos de la Biblia dicen: "¡No harás esto o lo otro!". Son una prohibición, una restricción. ¡Dios es todopoderoso!

Los 12 pasos de AA (Alcohólicos Anónimos) hablan de Dios (o de un "poder superior a uno mismo") capaz de "restaurar la salud" en el segundo paso.

No vengo aquí a cuestionar a los grupos de AA o a la religión católica, porque estos organismos y sus estructuras también han tenido efectos positivos y han ayudado a muchas personas. AA en particular es muy útil para reconocer las consecuencias del abuso sexual en uno mismo. Esto incluye comportamientos autodestructivos, como el alcoholismo y la drogadicción.

AA sigue proporcionando una comunidad en la que encontrar y compartir con gente igualmente afectada. Por ello, no quiero comparar esta guía con los 10 Mandamientos o los 12 Pasos.

Pero la diferencia entre estos y sus enfoques de solución, es evidente.

Los Nueve Mandamientos presuponen que se ha ejercido violencia sobre ti, lector: violencia sexual, no deseada, criminal, hiriente, que causa traumas de por vida y, en la mayoría de los casos, ¡represión! Y los perpetradores, en la mayoría de los casos, no rinden cuentas.

Nota del autor:

Esta guía adopta un enfoque diferente:

1. El del propio poder de autodeterminación a través de la realización, el camino a través del dolor y la confrontación.

2. Eres activo. Eres un superviviente.

3. Puedes mirarte a ti mismo y a tu comportamiento, a tu vida, analizarte, comprenderte y determinarte.

4. Tienes el poder de reconocer tu abuso y devolverlo a donde pertenece: Al agresor.

5. Puedes liberarte a través del conocimiento, rompe el silencio.

6. Puedes curarte a ti mismo y no necesitas el permiso de una autoridad superior o divina. (Lo cual no quiere decir que la creencia en "Dios" o en algún otro poder superior no pueda ayudarte).

7. Puedes cambiar y dar peso a tu voz.

8. Puedes decidir por ti mismo lo que es útil para tu "curación". Lo importante es que la gente te escuche aquí y ahora, que te crea.

Y el resto de lectores que hayan sido afectados colaterales, podéis aportar una ayuda crucial en este sentido, rompiendo también el silencio, escuchando, creyendo y confiando. Y eso, a la larga, influirá y cambiará la actitud de la sociedad hacia este tema. Hay una inmensa necesidad de educación social, ya que muchas personas y afectados secundarios, no pueden entender lo que significa el abuso; es un asesinato, una agresión, un crimen contra el cuerpo y el alma, sobre todo de un niño que no puede defenderse, y que en muchos casos depende del agresor.

Los nueve mandamientos son también una llamada a ti, superviviente, para que rompas el silencio, no sólo en la familia, quizás públicamente, si estás dispuesto.

Puedes hablar abiertamente del tema con los demás para dar menos espacio a los agresores.

El silencio no beneficia a nadie, ¡sólo al agresor!

Otro punto muy importante cuando leas este libro es ¿en qué fase del autoconocimiento y del proceso de iluminación y elaboración me encuentro ahora?

¿Qué edad tengo? ¿Hasta qué punto sigo atrapado en mi propio miedo y creo que no puedo soportar el dolor de la confrontación y la toma de conciencia? ¿Puedo distinguir mis patrones conscientes e inconscientes y reconocer lo que es intrínseco o extrínseco?

La mayoría de los malos tratos se producen en el seno familiar. No es el tío raro del banco del parque, son los tíos de la familia, la madre, el padre u otros miembros.

¿Cómo liberarse de este conflicto cuando son los "dioses", los que nos acompañan y determinan quienes somos desde nuestra infancia, los perpetradores? ¿Qué sucede cuando no cumplen su "función protectora"? Es importante analizar las estructuras, las pautas de comportamiento y las consecuencias de los abusos sexuales, especialmente de cara a las personas de la familia que no estuvieron implicadas en el abuso, así como para los amigos y compañeros que se enfrentan a este problema y no saben cómo abordarlo.

Sé que todos los supervivientes de este trauma tienen intersecciones en sus experiencias y en el camino hacia la curación. Hemos tenido experiencias similares y debemos aprender a sentir y a acogernos unos a otros y unos con otros. Podemos darnos voz, una voz clara y audible.

Tenemos una responsabilidad, no sólo con nosotros mismos, sino también con los demás, sobre todo en materia de prevención. No debemos crear un caldo de cultivo para nuevos abusos.

Es hora de que te liberes

Algunas palabras clave y estructuras de comportamiento se solaparán y se repetirán en los "mandamientos". Todo está interconectado. Esto también se aplica al lenguaje y al uso repetido de términos elementales.

Ya sabes lo complejo que es este tema. Algunas cosas ya las conocerás, otras serán nuevas para ti.

Tómate tu tiempo con este libro y digiere paso a paso lo leído.

Nunca te pongas bajo presión. Otros lo han hecho anteriormente y no ha salido bien. Mantente abierto a nuevas sugerencias. No tengas miedo de tus sentimientos.

"Los sentimientos son como niños que quieren algo, siguen tirando de tu manga hasta que obtienen una respuesta. No puedes ignorarlos".

Tus sentimientos no te están matando, ¡son una parte de ti que hay que respetar! ¡Quieren conseguir algo y puede ir en una dirección positiva! Hazles sitio, cambia los patrones y sentimientos negativos y así crearás espacio dentro de ti para algo nuevo que te beneficie.

LOS NUEVE MANDAMIENTOS

1. PUEDES TENER MIEDO

Es al principio cuando, sobre todo, existe miedo. El miedo a enfrentarse a lo inimaginable. A tu abuso.

Eras un niño, quizá un adolescente, cuando se produjeron los abusos. Te hicieron algo que es difícil de entender para un niño, para un joven, porque aún no podías comprenderlo, analizarlo y procesarlo.

¡Has sido agredido sexualmente!

¿Cómo ibas a entenderlo? Carecías de las herramientas para afrontarlo. Tal vez te encontraste en la rara situación en la que tus padres, tu familia, las personas más cercanas a ti, estuvieron atentos y observaron el cambio que provocó el abuso sexual, pero, desgraciadamente, no suele ser el caso.

La mayoría de las personas se encuentran solas ante el problema, ante la situación en general en la que se te hizo algo en contra de tu voluntad, en la que un adulto, que debía cumplir una función protectora, se aprovechó de ello y lo utilizó para su propio placer sexual. ¿A quién podrías haber recurrido si el propio autor de tu abuso era de la familia? ¿Quizás, y en el peor de los casos, tu propio padre o madre?

A menudo me preguntaban: ¿Por qué no dijiste nada? Una pregunta que siempre ha sido incomprensible para mí.

Una atribución que implica que eres culpable de que no investigaran la historia debido a tu silencio.

¿Cómo puede un niño decir algo que es inimaginable, inconcebible? ¿Cómo comunicarse (verbalmente) después de una agresión que viola el cuerpo y el alma y en la que se mata una parte de ti? Y todo ello cuando la sexualidad aún no forma parte de tu sensibilidad. ¿Debe un niño acudir a una institución social o a la policía? ¿Le creerían? ¿Cómo puede demostrar un niño lo que ha ocurrido? ¿Cómo puede hacer todo eso un niño perturbado y traumatizado? ¿Qué espera realmente la sociedad cuando pregunta exigente y acusadora? "¿Por qué no dijiste nada?"

Un niño traumatizado por abusos sexuales lanza señales diferentes. En ocasiones no puede ni hablar. Se deprime, no habla, se encierra en sí mismo, se aísla porque no puede hacer frente a la situación y el retraimiento puede ser a menudo la única forma de autoprotección.

Si no hay un adulto que esté atento y escuche, apenas tienes posibilidades.

Esto ha ido cambiando poco a poco en los últimos años, porque la sociedad se ha sensibilizado con el tema, debido desgraciadamente al número masivo de casos. Pero aún estamos muy lejos de una educación integral. Los abusos sexuales siguen siendo uno de los grandes tabúes.

Así que, si tienes un hijo que está cambiando y muestra miedo a hablar, dale espacio, confianza y seguridad. Sólo tienes que estar ahí.

Piensa dónde puedes encontrar apoyo para recuperarte, sentirte más seguro y estar a disposición de tu hijo. La Línea de *Ayuda contra el Maltrato* ofrece apoyo en toda Alemania, de forma anónima y gratuita.

El trauma suele ser tan grande que el abuso se reprime. Y entonces, a menudo años después, los recuerdos reaparecen. Suelen desencadenarse debido a un nuevo trauma, como la muerte de un familiar.

Los recuerdos también pueden desencadenarse con películas, un olor determinado, una conversación, sueños u otros estímulos. Cualquier cosa que nos recuerde el maltrato y esté enterrada en lo más profundo de nuestro subconsciente.

Mi tía abusó de mí hasta que cumplí doce años. Dos años después, mi familia y su marido estaban sentados en el salón de casa viendo una película, "La prueba de la madurez", en la que una mujer mayor seduce a un hombre muy joven. Durante la película me entraron de repente fiebre y escalofríos, fue una especie de colapso.

Después me quedé en cama completamente apático durante unos días.

"¡Ya está el niño con problemas otra vez!".

"Sólo tiene gripe".

Desde la perspectiva actual, se trata de un caso típico de estrés postraumático, que demuestra el poder y la fuerza del subconsciente. No sabía lo que estaba pasando, por supuesto no podía categorizar la situación en ese momento. Yo había reprimido el abuso, pero mi subconsciente lo percibía todo.

La ansiedad y los ataques de pánico han sido normales para mí desde que tenía cuatro años. Seguramente reconocerás esos momentos, sobre todo si has reprimido tu maltrato durante algún tiempo.

En estos momentos de recuperación de la memoria, no sabes lo que está pasando, no estás preparado. No sabes cómo reaccionar ante las imágenes. No tienes las herramientas adecuadas en la cabeza ni en el corazón.

Y entonces llega el miedo.

Miedo a cómo afrontar los sentimientos; miedo al miedo.

Miedo de lo que te hace.

Miedo a lo que puede suponer hacerlo público, principalmente con la familia o los amigos. Miedo a lo que puede cambiar en ti y en los demás, porque te sientes manchado, maltratado, mancillado y, sobre todo, crees que eres el culpable de la situación.

Miedo a no ser creído, a ser rechazado.

Miedo a que todos estos sentimientos negativos nunca se detengan, a que el miedo, la prisión del aislamiento y la vergüenza sean permanentes, un problema de por vida.

El miedo de los afectados secundarios:

En distintos momentos de mi vida, intenté plantear la cuestión a mi familia. De niño intenté decírselo a mi padre, que lo rechazó al instante. Por desgracia, también nos enfrentamos al miedo de los adultos, que no quieren admitir lo ocurrido. A menudo por miedo a haber fracasado como padres, como protectores.

Siendo un poco más joven lo intenté de nuevo, ya acudía a terapia. De nuevo, otro rechazo. Incredulidad ante lo que estaba pasando. "Te lo estás inventando, fuiste difícil de criar. Siempre estabas quejándote". Si hablas de ello, perturbas la supuesta paz, la unidad superficial de confianza de la familia.

Pasaron muchos años, un tiempo de autoconocimiento, terapia, ayuda de amigos, hasta que finalmente me harté de que supuestamente yo tuviera la culpa de todo.

No fue hasta los cuarenta años cuando me enfrenté consecuentemente a toda mi familia por lo que mi tía me había hecho durante más de ocho años. ¡Sin mentiras, sin adornos!

Sufrí abusos sexuales de pequeño, desde los cuatro años y medio hasta los doce por parte de mi tía,

Hannelore Reh, que en mi libro *Katharsis* se llama Magda Wilde.

El miedo del superviviente:

Incluso de adulto, tenía miedo de que no me creyeran. Temía que mi abusadora me matara si hablaba, como cuando me amenazaba una y otra vez de pequeño. Así de profundo es el miedo. Y es perfectamente normal dadas las circunstancias.

Porque como persona afectada, no solo sientes que te enfrentas a un muro de acero, sino que realmente lo haces.

Es un muro de miedo, de ignorancia, desconocimiento y rechazo del exterior.

Un muro que podría construirse sobre el principio de los pilares del abuso:

Vergüenza del superviviente y aislamiento del superviviente.

Como persona afectada, te repliegas sobre ti mismo, te quedas solo.

En este punto es importante qué lenguaje y qué términos eliges en tu forma de enfrentarte a este tema. Yo utilizo muchos términos que provienen del inglés americano.

SUPERVIVIENTE: Sobreviví y no soy una víctima.

SANACIÓN: No utilizo el término "curación" en un sentido religioso o médico. No estoy enfermo, pero puedo sanar algo que se ha roto en mí con la ayuda de terapeutas, grupos, amigos y autoconocimiento, ¡entre otras cosas!

"No hay más miedo que el miedo al miedo" – Confucio.

Por lo tanto, el miedo es perfectamente normal. El miedo es utilizado por el agresor como medio de presión y permanece profundamente anclado en nuestra conciencia y, aún más a menudo, en nuestro subconsciente. Pero podemos hablar con nuestro niño interior (nuestro lado más vulnerable y herido) y darle seguridad, quitarle el miedo. Cógele de la mano y dale la seguridad de que, como adulto, podrás afrontar, aceptar y vencer ese miedo.

Tuve miedo de enfrentarme a mi maltratador durante mucho tiempo, incluso la casa donde ocurrieron los abusos me provocaba ataques de pánico. No pude entrar en esa casa durante mucho tiempo, enseguida caí en una rigidez, una parálisis, no solo mental sino también física.

Es normal y comprensible tener miedo, pero a partir de ahora no debes tener miedo del miedo. Puedes reconocerlo y trabajar con él.

¿Cómo conquistar el miedo? Parece que el miedo es un enemigo al que hay que destruir, pero quizá puedas empezar a ver al miedo como algo que intenta decirte algo, algo que puedes controlar. El miedo no debe tenerte en sus garras, porque de esa manera estarías renunciando a la responsabilidad que tienes sobre ti mismo, así te convertirías en alguien pasivo, que se rinde.

El miedo a enfrentarse al propio miedo suele asustar por sí solo. Es totalmente comprensible. Al fin y al cabo, el miedo puede haber sido un valioso compañero para tu supervivencia. Pero verás, dando pequeños pasos, el miedo, que es un sentimiento como cualquier otro, desaparecerá si tú se lo permites.

Nota del autor:

Siente lo que te ocurre en este momento, mientras lees estas líneas, ¿se te encoge el pecho? ¿Sientes miedo? ¿Quieres dejar el libro a un lado? ¿Son demasiadas cosas a la vez? O quizás, ¿te sientes reconocido y visto por mí, que sé cómo te sientes? ¿Te sientes triste o aliviado?

Cierra los ojos un momento, respira profundo e intenta quedarte contigo mismo, no te evadas.

¡Tú decides lo que ocurre a continuación! A partir de ahora ya no necesitas ese miedo "protector", porque durante el proceso de curación será contraproducente y dejará de "beneficiarte" y "protegerte". El miedo puede limitarte si continúa determinándote. Te mantendrá en tu prisión interior. Date cuenta de que el miedo es un instrumento que el agresor ha utilizado

durante mucho tiempo para hacer de ti alguien obediente. Para no romper el silencio sobre el crimen.

El miedo en ti fue causado por quien abusó de ti contra tu voluntad y te instrumentalizó.

Reconoce el miedo y déjalo ir, ya no tiene que formar parte de ti. Deshazte de ese influjo negativo que te causó el agresor. A partir de ahora tienes el poder sobre tu vida y tus sentimientos.

Convierte el miedo que te vino impuesto externamente, en un sentimiento propio y autodeterminado: el coraje.

Y eso es lo que ocurre cuando te enfrentas a tu historia.

Es el camino hacia la autodeterminación, lejos de la determinación externa del perpetrador, del cómplice pasivo, del silencio y del tabú que te impone la sociedad, desde fuera.

2. PUEDES RECONOCER QUIÉN ERAS Y ERES

Me puedo visualizar como el niño pequeño que era antes del abuso. Rubio, ojos marrones, un niño guapo, mimoso, alerta, interesado.

Me gustaba la música, amaba a mi madre, la cercanía física con ella era importante. Sufría cuando me separaba de ella.

Tenía una hermana que, sin quererlo, ocupaba mi lugar con mi padre. Él era distante, me daba la mano para saludarme, por lo demás no tenía ningún contacto (físico) conmigo. Era estricto, llevaba traje, iba a trabajar por la mañana y volvía por la tarde. No podía aceptar su amor o su aprobación, como hacía mi hermana. Me asustaba.

Mi padre fue un niño de la guerra, no sabía lo que significaba el amor por un hijo, porque él mismo no lo experimentó. No sabía cómo dar amor.

Nota del autor:

Un punto importante en tu viaje como superviviente de abusos es que prestes atención, especialmente a tu familia.

Es importante tratar de entender por qué los adultos

que regían nuestras vidas de niños actuaban como lo hacían

y tal vez lo sigan haciendo así hasta el día de hoy.

¿Qué estructuras tienen esas personas que determinaron tu infancia, tu vida de entonces?

¿Qué limitaciones sufrían? ¿Qué dogmas o creencias seguían?

¿Cómo fue su infancia?

Toma notas y haz una "lista familiar" detallada y por escrito que puedas ampliar y modificar en cualquier momento.

De niño, por supuesto, no podías saber ni cuestionar todo esto. Quizá a menudo te asombraba, o incluso te enfadaba el comportamiento de tus padres. Pero ahora, a partir de este momento, cuando te responsabilizas de ti mismo, de tu propio caso, ya no puedes señalar con el dedo a tu familia y decir: "Todo es culpa vuestra, me dejasteis solo".

En eso tienes razón, pero no debes quedarte anclado en tu ira. La ira es importante como emoción desencadenante, de lucha, pero no debes quedarte ahí, no debe ser la gran emoción que te domine. Puede ser el catalizador, pero no debe ser la fuerza permanente que te impulse. Esto sólo te destruiría a largo plazo. (Más sobre esto en el capítulo 4).

El comienzo de mi abuso

Mi hermana estaba jugando con sus muñecas, tenía un año y medio más que yo, así que yo también jugaba con sus muñecas y nos disfrazábamos.

Pensaba que quizás mi padre me querría si era más como mi hermana.

Vivíamos en un pequeño piso en un pueblo cercano a Dortmund, llamado Kirchlinde. Los fines de semana visitábamos a la familia de mis padres en Bövinghausen, a tres kilómetros, donde nos mudamos cuando cumplí siete años. Nueva escuela, nuevo barrio, todo era desconocido y amenazador para mí. Para entonces yo ya no era yo mismo, ya estaba atrapado en los abusos.

Tenía cuatro años y medio cuando todo empezó.

Recuerdo con exactitud la primera agresión. Mi madre se fue a Berlín con la Asociación Católica de Familias Kolping, a mi hermana la dejaron con nuestra tía Luise, y a mí con mi tía Hanne, la mujer del hermano de mi padre.

Hannelore Reh tenía entonces treinta y tantos años, el pelo fino y despeinado, los ojos desorbitados y un marido impotente, Kurt. Un hombrecillo que intentaba hacerse el gracioso, pero normalmente le salía el tiro por la culata. No estaba a menudo en casa, me quedaba con ella a solas. Era una mujer a la que los parientes consideraban rencorosa, desagradable y "escurridiza". Ella sembraba la discordia y el odio en la familia y tejía su intrigante telaraña alrededor de todos.

Era negativa, estaba frustrada (también sexualmente, desde mi punto de vista actual), tenía un exterior sin rasgos. Ella misma fue víctima de abusos sexuales por parte de su padrastro, cosa que descubrí más tarde, siendo adulto, en mis años de investigación. No tenía trabajo. Había heredado la casa en la que vivía y algunos otros inmuebles.

Ya había intentado abusar sexualmente de mi padre cuando era niño y de uno de mis primos.

Pero, por supuesto, yo no sabía todo esto en aquel momento, de pequeño. Mis padres me dejaban con mi tía, y yo, obedecía. Ella debía cuidarme cuando mis padres se iban de fin de semana.

Vivía en una casa gris en la Provinzialstrasse de Bövinghausen, frente a la iglesia. La ventana del dormitorio daba al patio de una escuela especial. Desde la ventana también se veía la iglesia. En la planta baja de la casa había una carnicería con una gran cocina. Cuando yo era pequeño, todavía hacían las matanzas allí mismo. Veía al carnicero despiezar a los cerdos y al ganado.

Era octubre. Mi madre se subió al autobús hacia Berlín, y se despidió con la mano. Era de noche, hacía frío. Llevaba una camiseta corta e iba sin pantalones. Estaba de pie en un taburete junto a mi tía, en la ventana, saludando. Sentí la mano de mi tía en mi trasero, acariciándome. Tal vez era solo un gesto cariñoso, si es que eso es lo que hace una madre. Pero ella no se detuvo, deslizó la mano entre mis piernas, y me tocó sin mirarme.

Yo sabía que eso estaba mal, pero miré por la ventana sin decir nada; todavía no había aprendido a defenderme. Mi tía tenía el poder, era la adulta y mis padres sabían lo que hacían. ¿Por qué si no me habrían llevado allí?, pensaba en ese momento. Mi cerebro infantil no podía captar ni comprender la situación y tenía miedo.

Por primera vez en mi vida, estaba viajando.

Comparé un proceso de *Katharsis,* con el cuento de hadas de la "Reina de las Nieves" de Hans Christian Anderson. Para que Kai, el niño del cuento, cumpla, la Reina de las Nieves le pone un trozo de cristal en el ojo para que no pueda ver, y otro en el corazón para que no pueda sentir. Kai se congela en los brazos de la Reina de las Nieves, una mujer mayor, solitaria y fría, que sólo piensa en el poder. El niño es redimido por el amor desinteresado de su amiga de la infancia Gerda. Así lo escribió HC Andersen hace 150 años, y así fue años después para mí, un niño de la región del Ruhr. Por desgracia, yo no tenía a Gerda para salvarme. Estaba solo.

Cuando me convertí en hielo, fui incapaz de sentir

nada. Incluso el miedo no era tan malo, porque me estaba pasando a mí, pero estaba como anestesiado, como envuelto en algodón. Muchos supervivientes conocerán este mecanismo. El subconsciente ayuda a soportar la agresión sexual en ese momento. Más tarde, el abuso empeoró y me obligó a practicar sexo oral y penetración con objetos, como una cruz de la pared o una muñeca de la estantería. Es común también proyectarse en los objetos de alrededor, como los muñecos, es un mecanismo que muchos supervivientes conocerán.

Mi tía fue más allá de simples juegos de dedos, literalmente se fue abriendo camino hacia mí a lo largo de los meses siguientes. Fue a finales de los años sesenta, en la misma estirada ciudad católica del Ruhr. Hannelore Reh dejó unas revistas sobre la mesa. Miré las fotos y enseguida me di cuenta de que eran esas "revistas obscenas".

Praliné, Neue Revue, Quick. Desde mi perspectiva actual, eran fotos inofensivas de personas desnudas, que sugerían erotismo y actos sexuales para el estirado ciudadano de la República Federal. Sabía que no era "correcto" mirar estas fotos, porque la sexualidad, el estar desnudo, no existía en nuestro hogar. Mis padres eran archicatólicos, muy mojigatos, nunca los vi desnudos. Nunca se dieron abrazos ni se hicieron un gesto de ternura delante de los demás.

Vivieron castamente uno junto al otro, en un piso

durante nueve meses después del matrimonio civil, hasta celebrar la boda por la iglesia. Antes de eso, el sexo habría sido un pecado para ellos.

¿Por qué menciono esto?

Porque tenía que mirar. Tenía que entender de dónde venía, de dónde venían mis padres, de qué época, de qué fe, de qué sistema político. ¿Cómo puedo entender mi propio abuso si no sé de dónde viene mi familia, y el agresor? Tal vez esto también sea cierto para ti, como superviviente.

¿Cuáles son las causas reales y las razones del agresor que conducen al maltrato?

¿Y cómo se llega a la pasividad de la familia, que no presta atención a las señales del niño maltratado?

Localicé otra revista entre los periódicos. Vi a mujeres abriéndose de piernas, hombres teniendo erecciones. Sexo oral, sexo anal. Solo pensaba: "Espero que las mujeres no se desgarren al abrir las piernas". A los cinco años no sabía nada de anatomía femenina, hasta que mi tía me lo explicó a la fuerza.

A menudo me dejaban con ella. ¿Por qué? No lo sé ni si quiera hoy en día. Mi madre ya no trabajaba entonces.

Esta mujer abusó de mi propio padre cuando él era pequeño y aun así la permitió "cuidar" de mí.

Mi tía me condujo lenta y decididamente hacia el

maltrato. Era una mujer inteligente y sabía exactamente lo que hacía. Cuando tenía seis años, me obligó a practicar sexo oral por primera vez. Antes de eso eran fotos, masturbación y penetración anal.

Quiero dejar claro este punto. Me veo abocado a describir estos procesos y los sentimientos que desencadenan en mí. Tú, como superviviente, sabes de lo que hablo, pero si alguien no ha pasado por ello, no lo entenderá. Quizá no quieras oírlo con detalle, y créeme, no voy a describir aquí todos los detalles, eso me parecería cruel. Pero tengo que mencionarlo y esto no tiene nada que ver, como me acusaron una vez en una "reseña" de *Katharsis*, con una "enciclopedia de pajas para pederastas".

Aquel que se sienta agitado por tales descripciones tiene un gran problema y puede decirse que pertenece al grupo de los agresores.

Mi tía cruzó la línea y ella lo sabía. Cambié después de aquel abuso sexual. Dejé de comer, no podía soportar que alguien me tocara. Dejé de hablar.

"No seas tan cabezota", me decía mi padre, amenazándome con pegarme. A día de hoy, calificarían mi reacción como una depresión, y quizás mis padres me habrían hecho más caso.

Iba al colegio y dibujaba figuras de palo, haciendo cosas claramente sexuales. Mi profesor se reunió con mis padres y les preguntó por ello. Me enviaron a un internado. Durante seis semanas tuve que limitarme a obedecer.

Y aquí, por primera vez, el "sistema de abuso" que ya he descrito, funciona sin problemas. Me hicieron algo, me agredieron sexualmente. Tenía seis años, no tenía herramientas, pero sí vergüenza y miedo. Me encerré en mí mismo, me volví difícil a los ojos de mis padres. Tenía ataques de ansiedad y pesadillas regulares. No distinguía las habitaciones ni los objetos por la noche. Me resultaban demasiado grandes, amenazadores. Desaparecía en mi cama, me perdía y me despertaba con sudores fríos.

Nadie estaba interesado en averiguar por qué me había vuelto de esa manera. El niño es difícil, testarudo, difícil de educar. Tiene que ir a un internado donde le enseñen a obedecer. Mis padres no estaban preparados, al contrario, estaban abrumados. ¿Abuso? Ni lo sabían. Y si lo sospechaban, no hablaban de ello, como hizo mi padre toda su vida.

Mis padres pidieron consejo a los familiares. También preguntaron a mi tía Hannelore.

"Metedle la cabeza en agua fría, así dejará de hacer el tonto. Niños, son todos iguales".

Ese fue el consejo de una pederasta, ¡de una violadora! Mientras estábamos sentados en el salón de casa de mi tía durante la visita dominical, el miedo se apoderó de mí y grité, no podía respirar. Así que mi padre puso en práctica la sugerencia de mi abusadora, abrió la ducha con agua helada, me agarró, y me sujetó bajo el agua gélida hasta que dejé de gritar; se acabó con el niño "petulante".

No podía respirar. ¡Me torturaron con agua! Algunos lo llaman terapia.

¿Qué hizo mi madre, que estaba presente? Nada. Dejó que mi padre lo hiciera. Pensé durante mucho tiempo por qué protegí a mi madre, la imagen que tenía de ella. Murió muy joven. La metí en una caja de cristal para no cuestionarla. (Más sobre esto en el capítulo 8). ¿Sobrepasó mi reacción al abuso sexual a mis padres? Sí, absolutamente, pero tampoco asumieron su responsabilidad por miedo a su propio fracaso, simplemente guardaron silencio. Incluso décadas después del abuso.

En este punto, me gustaría llamar especialmente la atención sobre todos los "cómplices pasivos" de las familias. Permitidme explicarlo brevemente con un ejemplo.

Tuve una novia, una mujer guapa y muy inteligente de mi edad. Su padre abusó de ella durante más de seis años. Cuando tenía 13, el padre la llevó a cenar sola y luego se alojó con ella en un hotel, donde la obligó a acostarse con él, una y otra vez. También en casa. Los abusos sexuales se prolongaron durante varios años. Temerosa de que enviaran a sus hermanos a un orfanato y de que la familia se desintegrara, le siguió la corriente. Estaba indefensa, no tenía ayuda externa. Lo peor de la historia es que la madre sabía lo que pasaba y no hizo nada. Así que es coautora, tan culpable del martirio de su hija como su marido, porque toleró los abusos y no hizo nada al respecto. Ahora ella es una terapeuta de éxito, doctora en psicología, tiene hijos adultos y ayuda a otras personas a procesar sus abusos y traumas. Lleva mucho tiempo escribiendo un libro sobre sus propias experiencias. Cuando le pregunto cuándo publicará el libro, duda. Siempre tiene excusas como falta de tiempo, el trabajo, la familia o la salud. En ocasiones dice: "¡Mi madre sigue viva! ¿Qué pasará con ella cuando se publique este libro? Quedará expuesta como cómplice. No puedo hacerle eso".

Cuarenta años después de los abusos, esta mujer inteligente y de éxito, sigue protegiendo a su madre, ¡la cómplice!

Este es un fenómeno generalizado que demuestra lo profundas que son en nosotros las raíces con los padres y la conexión con el cómplice pasivo. Toda una vida.

Sólo después de cumplir cincuenta años, dejé marchar a mi padre, sin depender de su promesa ni de ningún tipo de afecto, que me negó hasta el día de su muerte. Además, me desheredó y me mostró rechazo y negación incluso después de su muerte.

La generación de la posguerra en Alemania solía tener siempre un libro en su casa: "*Die junge Mutter und ihr erstes Kind*" (La joven madre y su primer hijo), nueva edición del libro de la doctora Johanna Harrer, que publicó esta obra en la época nacionalsocialista con el título de: "*Die deutsche Mutter und ihr erstes Kind*" (La madre alemana y su primer hijo).

¡Propaganda nazi pura y dura! 25 años después de la Segunda Guerra Mundial, me educan y me tratan según los dogmas de la nueva edición de un libro nazi, que en su momento vendió más de un millón de ejemplares en Alemania.

Por cierto, hay un excelente documental sobre la vida de la doctora Harrer desde el punto de vista de su hija menor Gertrud Harrer en la serie "*Lebenslinien: Meine deutsche Mutter*". Merece la pena verla, sobre todo porque también muestra el inconcebible poder que los padres tienen sobre sus hijos, incluso después de la muerte.

Luces apagadas, silencio, no enredes, no contestes. Vuelvo a recordarme a mí mismo cuando era pequeño. Algo me pasa, ¡es mi CULPA!

Me echan. Me avergüenzo. Me quedo aislado.

Era el comienzo de un ciclo cruel que duraría muchos años.

Nota del autor:

¿Cómo fue para ti? ¿Recuerdas los malos tratos?

¿Puedes permitir que las imágenes aparezcan en tu mente?

¿Existe alguna "prueba", como fotografías o vídeos? ¿Has sufrido malos tratos por parte de una mujer o de un hombre?

¿Quizás de un grupo? ¿Durante cuánto tiempo? ¿Quiénes eran? ¿Siguen vivos? ¿Te has enfrentado al agresor?

¿Desde cuándo te preocupas conscientemente por los malos tratos recibidos?

Estas son preguntas muy importantes. No tengas miedo, ni te avergüences. Puedes y debes enfrentarte a estas preguntas, aunque te provoquen tristeza. Forma parte de tu proceso de curación.

Y para este proceso puedes y debes recibir apoyo. No tienes que arreglártelas y resolverlo todo tú solo.

Eva, mi terapeuta, a la que he mencionado antes, ha utilizado a lo largo de los años verdades e imágenes sencillas que me han ayudado mucho.

Una vez le dije:

"Estoy completamente confundido, tengo miedo, no puedo ordenar todas las cosas en las que estoy pensando. Todo se derrumba sobre mí y siento que me mata".

Me miró con calma y asintió con la cabeza, después sonrió.

"¡Eso es bueno! Es bueno estar confundido, asustado, y darte cuenta. Tómate en serio en ese momento. Porque eso también significa que empiezas a procesar tu trauma y a afrontarlo conscientemente. Sé valiente y da el primer paso para afrontar tu miedo de otra manera.

La confusión es importante porque permite dar el primer paso hacia el cambio. Imagina que ves un gran montón de estiércol en una granja, ese estiércol también es abono para que surja algo nuevo".

Para mí, que pienso, escribo y aprendo en sentido figurado, ¡fue una metáfora maravillosa! Tenía sentido; la mierda tiene sentido, porque de ella puede surgir algo nuevo, si la utilizas adecuadamente y cambias tu actitud hacia ella.

Y aunque este proceso lleve mucho tiempo, hoy puedo confirmar, sin duda alguna, que Eva tenía razón.

Sufrí abusos no semanales, si no diarios. Ocurrió de manera continuada, durante un periodo de ocho años. Un proceso continuo que me mantuvo en un estado constante de miedo y alienación. Trataba con una maltratadora inteligente y muy hábil, que instrumentalizaba mi miedo y a menudo me decía: "Puedes contarlo todo, pero nadie te creerá, porque eres un niño difícil, desobediente, enfermo, ¡un autista! Y si cuentas algo, te mato".

Miedo amplificado hasta el infinito por una amenaza

de muerte. ¿Por qué no hablé de ello de pequeño? La pregunta es superflua. El agresor instrumentaliza a la víctima utilizando el miedo como medio de presión. Y sigue siendo el sentimiento dominante si al niño no se le da espacio, fe y amor.

A los seis años me enviaron a un internado, un recuerdo borroso, oscuro y frío. Cuando me sacaron, ya estaba emocionalmente congelado. No quería estar cerca de mi madre ni de mi hermana, y me alejaba de ellas cruzando los brazos.

Sobre todo, de mi padre, a quien también le gustaba castigarme físicamente con agua helada o con el cinturón.

Qué perverso es cuando un padre cree que puede vencer el miedo con más miedo. Mi padre se tomaba mi comportamiento como una afrenta, una impertinencia y una falta de respeto hacia él. Pero, en el fondo, su comportamiento sólo demostraba su propia impotencia y su incapacidad para afrontar la situación y mi problema. Al escribir esto, apenas puedo creer lo que estaba pasando en mi familia en aquel momento. Pero esa era mi realidad cuando era tan solo un niño.

Nos fuimos a vivir a Bövinghausen, cambiamos un universo provinciano por otro. Allí iba a la escuela primaria, mi tía vivía al lado. Tenía siete años, así que seguí estando a su cargo. Mi tía era extremadamente hábil, extremadamente manipuladora y apenas veinte años mayor que mis padres. Ella movía los hilos.

Utilizaba el miedo como palanca y sabía hasta qué punto la represión podía funcionar a su favor en sus "víctimas".

Una y otra vez abusaba de mí, realizando actos sexuales. Sexo oral, penetración con objetos, me orinaba encima... yo me callaba, permanecía pasivo.

Así llegué a los doce años, estaba entrando lentamente en la pubertad, era alto y delgado, y mi tía se burlaba de mí en las reuniones familiares, se mofaba más bien. Me salieron los primeros granos, era malo en el colegio y me acosaban también allí; era un perdedor, un empollón que se pasaba las tardes solo en su habitación, en su burbuja. Escuchaba música, leía mucho y la escuela se convirtió en un guantelete desde que fui al instituto.

Por debajo del cinturón, no me sentía en absoluto. Ignoré todo lo relacionado con la sexualidad. Si tenía alguna inflamación en la zona genital, me dolía o sangraba, ¡no me lavaba! El médico me recetó algunas pomadas, y mi madre controlaba si se recuperaba. ¡Tenía doce años! Quería que la tierra me tragara. La vergüenza era el sentimiento predominante. Obedecía y me hundía cada vez más.

Tenía pesadillas. Las tengo desde los cinco años, ¡son parte de mi realidad! En ellas unas brujas me perseguían, yo era diminuto y las ratas me devoraban. Tenía ataques de ansiedad, era sonámbulo y me despertaba en la escalera o en el jardín. Me venían constantemente pensamientos suicidas.

¿Me querrían si estuviera muerto? ¿Acaso existía? No tenía voz. Sigo sin tenerla.

¡VERGÜENZA, DESHONRA, AISLAMIENTO!

Mi tía continuó. Mis padres me seguían dejando con ella, y no fue diferente durante la Pascua de 1974. Se fueron de viaje a Roma. Al cabo de dos días me escapé del piso de mi tía, era la única salida. No me importaba lo que me pasara, si vivía, si moría o si me encerraban. Tenía que alejarme de esa mujer y de su violencia sexual.

Por fin tuve el valor de escapar. No volví a casa después del colegio, y me fui con otra tía a otro pueblo. Ella no me hizo preguntas, simplemente estuvo allí. Quizás intuyó lo que había pasado y me dio espacio, un lugar seguro. Se llamaba Gertrud Windau y tenía cuatro hijos. Es una mujer a la que le debo mucho, porque me tomó en serio.

Eso, a menudo, es suficiente; sabiendo que estás a salvo, no tienes que explicarlo todo. Es un primer paso. Nadie iba a venir por la noche y violarme. Cuando estaba con Gertrud, podía dormir. Cuando mis padres vinieron a buscarme, me escondí en el pequeño desván como un animal asustado. No confiaba en ellos. Mi padre me amenazó, y yo obedecí y volví a nuestra fría familia y sin emociones que no me ofrecía ningún apoyo.

Después lo olvidé todo. El trauma hizo su efecto, reprimí todo, lo enterré en lo más profundo de mi subconsciente. Pasaron cuatro años más hasta que pude empezar a vivir, a hacer amigos, a sentir fuerza en mí mismo. Empecé a hacer cosas y descubrí mis ganas de vivir. Así llegué a los dieciséis años. Rara vez volví a ver a mi agresora, aunque vivíamos en el mismo lugar, pero ella se distanció.

Mi subconsciente me protegió durante unos años, hasta que surgieron los primeros recuerdos y empecé a darme cuenta, ¡a recordar! Para entonces ya no estaba en Bövinghausen, me había ido a Hamburgo, tenía 22 años y estaba estudiando.

El abuso no tiene nada que ver con la intimidad sexual, esto es muy importante y no le queda claro a todo el mundo. Sobre todo, a los que no han sufrido abusos, a los "afectados colaterales".

No es necesario que el agresor penetre, tenga pene o un orgasmo.

¿Qué tiene de excitante la violencia sexual con un niño?

Se trata de poder. El poder excita al agresor, el control sobre otro ser humano.

A menudo, los propios agresores sufrieron abusos de niños y repiten el principio sadomasoquista. Las víctimas se convierten en agresores para supuestamente recuperar el poder perdido, una vez son adultos. El caso histórico de Jürgen Bartsch, el llamado "asesino del parque de atracciones", que abusó y mató a multitud de niños pequeños a principios de los años sesenta, es un buen ejemplo de ello. También hay excelentes documentales al respecto.

Personalmente, no creo necesariamente que sea un trastorno hereditario. Sospecho más bien que si una persona no reconoce, comprende y procesa emocionalmente su abuso, éste puede desembocar, a la larga, en nuevos abusos, en una percepción de "apropiación" sexual de un niño.

En lo que respecta a mi tía, era claramente el caso. Ella misma sufrió abusos por parte de su padrastro y fue instrumentalizada por su madre. Así que no se trata solo de una "pulsión" y gratificación sexual, sino de cómo se dirige la pulsión y de qué sexualizamos siendo niños. Y, por supuesto, también qué acciones instrumentaliza alguien para sentirse poderoso, autónomo o fuerte. Tal vez en compensación por la falta de autoestima.

Sospecho más bien que si una persona no reconoce, comprende y procesa emocionalmente sus abusos, esto puede conducir a nuevos abusos, a una percepción de "apropiación" sexual de un niño.

En algunas entrevistas, y también en discusiones, me han preguntado si el maltrato conlleva al abuso. Sé que la persona que me hace esta pregunta no lo hace con mala intención, pero al mismo tiempo insinúa y pregunta cómo fue conmigo. Y resulta una pregunta invasiva y ofensiva, porque se hace una insinuación.

Cuando veo niños, enseguida me llegan al corazón y lo único que quiero hacer es protegerlos. Los niños son algo tan precioso, tan increíbles, son un milagro de posibilidades. Igual que yo lo era antes de que abusaran de mí; ¡igual que tú! Y eso es lo que el maltratador destruyó. Créeme, hay algo en ti que nadie puede destruir: tu propia energía maravillosa e individual. Y aunque en este momento no puedas sentirla, créeme que está ahí.

¡Quizás enterrada, pero existe! Confía en ti mismo.

Se trata de cómo abordamos la situación hoy en día, de retirar el tabú sobre este tema en la actualidad, de modo que podamos drenar el pantano del silencio para proteger a los niños de estas agresiones destructivas. Debemos trabajar de forma preventiva.

Si para ti la violencia sexualizada que has sufrido ha vinculado la acción sexual con el poder, la violencia y la heteronomía, incluido el agresor, ¿cómo podrías encontrar un "camino sano" hacia tu sexualidad?

Observando atentamente de dónde proceden tus patrones y estructuras.

Y por eso es tan importante reconocerlo.

3. PUEDES CREER EN TUS RECUERDOS Y SENTIMIENTOS

Este capítulo no es para pusilánimes. En realidad, ningún capítulo del libro lo es. Si es demasiado para ti, apártalo por un momento. Ve a dar un paseo, o túmbate y llama a un amigo. Crea tu pausa y entiende que no tienes por qué enfrentarte a tus sentimientos solo.

<u>Nota del autor:</u>

Respira profundamente.

Muévete, muchas de nuestras tensiones emocionales las guardamos en el cuerpo. Cuando "algo nos pone rígida la nuca", "nos quedamos sin habla" o "nos estalla la cabeza", es precisamente por esto.

Date un paseo por la naturaleza, haz yoga, natación, pesas, golf. No importa. ¡Deshazte de esa tensión! ¡Siente tu cuerpo y tu fuerza!

Si de verdad quieres conocer y captar tu historia, mira tus fotos y recuerdos. No tengas miedo. No te morirás al hacerlo, aunque al principio te lo parezca.

Mueres más por dentro cuando te reconcome el trauma y no das espacio a tus imágenes, sentimientos y recuerdos, cuando no los respetas.

Esto puede llevarte a la muerte emocional. No se puede matar la emoción prohibiéndola o reprimiéndola.

Puede que tu subconsciente te haya protegido durante mucho tiempo, pero en algún momento las viejas cicatrices se abren de golpe y ahí no hay tirita que valga.

¿Cómo fue en tu caso? ¿Lo reprimiste todo y luego, en algún momento, volvieron las imágenes y los recuerdos de golpe?

Entonces este capítulo te resultará realmente importante.

<u>Nota del autor:</u>

Si las imágenes y los recuerdos de los abusos han sido una compañía constante en tu vida, puedes encontrar aquí y ahora la manera de lidiar con estas imágenes y voces de tu interior de forma diferente. No escuches las muchas voces que a menudo cobran vida propia en tu cabeza (las que no son tu voz), y cuyas restricciones y prohibiciones no te ayudan en tu proceso de curación. Te explicaré cómo funciona esto con más detalle dentro de un momento.

Cuando tenía veintitantos años hice un servicio comunitario en una parroquia católica con un cura casi ciego. Era un buen hombre, pero también irascible y con mal genio. Me recordaba a mi abuelo paterno. Un espadachín, un superviviente de su propia historia, que sospecho, pero desconozco. Tenía casi setenta años, le ayudaba a ir de una cita a otra, monté una biblioteca y me hice útil.

¿Dios? No encontré ninguna referencia a él en ese momento. ¿Cómo iba a hacerlo? Estaba influenciado por una congregación intolerante en la que las mujeres alardeaban de abrigos de piel durante la misa, el cura era de lo más distante y luego se fue a vivir con su ama de llaves.

¿Cómo iba a seguir el consejo de la iglesia siendo monaguillo, o estando en el coro? Todo teatro, así me sentía yo de niño. ¡No era ninguna comunidad unida por su fe! ¡No tenían ningún amor por el prójimo! ¿Era así en todas partes? Esperaba que no. En Bövinghausen, por desgracia, nunca experimenté la verdadera comunidad, la verdadera fe.

Ahora leo a Freud, Jung, Alice Miller porque me interesa la psicología; busco otras formas de fe, lo metafísico, lo sobrenatural. Leo libros sobre curanderos de Estados Unidos.

Siempre me han atraído los hombres, pero soy como una piedra cuando se trata de sexo. Soy como el hielo, un fragmento de la reina de las nieves me impide sentir nada.

También salgo con algunas chicas, pero a la hora de tener sexo me siento incómodo. Me agobio y estreso.

No sé cómo hacer que funcione. El acto en sí va bien, pero emocionalmente no me transmite nada.

¿Por qué no disfruto de tener sexo como los demás? A veces me quedo inmóvil, pasivo y no puedo disfrutar de la intimidad. Cuando las mujeres me lanzan señales, me entra una ansiedad que no puedo clasificar. No puedo establecer límites, ni definirme. No he aprendido a hacerlo. Reacciono a la defensiva y poniendo distancia. A estas alturas, todavía ignoro de dónde viene esta actitud, porque sí que encuentro eróticas a las mujeres.

Si los hombres quieren lo mismo, permito la sexualidad, aunque en realidad sólo deseo ternura y amor. Aceptación. Aliento. El sexo no es importante para mí. Siempre me siento fuera de lugar, incómodo y torpe. No me gusta mi cuerpo. Cuando miro fotos de aquella época, veo a un joven rubio y guapo. La gente destaca el atractivo, pero yo no lo veo, no lo siento. Estoy como delante de un muro.

En algún momento veré lo que ven los demás y lo pondré en práctica, pero quiero que pase mucho tiempo hasta que tenga una relación positiva con mi cuerpo.

Puede que tú también conozcas esta sensación: tener una imagen de uno mismo que no es correcta, un "no poder sentir".

Todo esto también es consecuencia de los abusos sexuales. El término técnico para ello es "trastorno dismórfico corporal" o "dismorfofobia". Esta antigua palabra griega contiene tres términos: *Dys* (malo), *amorfo* (forma) y *phobos* (miedo).

Detrás de esto está el miedo a no ser suficiente, a no dar lo que se espera, a no estar a la altura de las expectativas, a ser o parecer "malo". No nos reconocemos tal como somos, tenemos una falsa imagen de nosotros mismos.

El resultado puede ser un trastorno alimentario o, por el contrario, dismorfia muscular. Esto afecta sobre todo a los hombres, que creen que son demasiado pequeños, demasiado delgados o larguiruchos. El resultado suele ser el culturismo extremo. En las mujeres suele ser anorexia y bulimia asociada.

Solo deseamos tener control sobre algo. Si no puede ser sobre lo que nos ocurre, al menos que sea sobre nuestro propio cuerpo.

La bulimia puede ser una consecuencia de abuso sexual, pero no en la totalidad de los casos.

¿Todo esto te resulta familiar? No quiero extenderme sobre todo el tema de la presión de las redes sociales. Tampoco sobre la cirugía estética y su expansión en los últimos 15 años.

Nota del autor:

Quédate contigo y tu cuerpo como superviviente.

¿Cómo percibes tu cuerpo? ¿Te gusta o te criticas constantemente?

¿Siempre te miras con ojos críticos o ves las cosas bellas y únicas de tu cuerpo?

Soy demasiado delgado, demasiado alto, demasiado bajo, demasiado gordo, mi nariz es enorme, tengo las orejas de soplillo, mis pechos son demasiado grandes, mi pene es demasiado pequeño, soy fea, no encajo en el canon de belleza…

Si te sientes así, hagamos un breve ejercicio por un momento.

Imagina que estamos uno frente al otro y yo te abrazo y te levanto ligeramente en el aire. Deja que ocurra, no te pasará nada. Escucha cuando te diga: "Te elevo ahora…". Y continúa la frase como quieras:

"Te libero de tu responsabilidad, de tu miedo a no ser suficiente, de tu aislamiento autoimpuesto".

Saca lo que te preocupe en este momento. Este ejercicio, libera la presión que pesa sobre ti. Respira profundo y déjate llevar. También puedes pedirle a alguien de confianza que te diga la frase y así liberarte física y mentalmente. Haz la prueba. A mí me ha ayudado mucho.

¿Te avergüenzas? ¿De qué? ¿Te comparas con los demás? Esto probablemente afecta a la totalidad de los jóvenes. Instagram y compañía no siempre son buenos para las personas. La mayoría de las fotos están retocadas, son falsas. Como fotógrafo, puedo identificarlo bien.

Por supuesto, siempre hay cosas de nuestro cuerpo que podemos cambiar haciendo ejercicio o dieta, dentro de unos límites saludables. Sin embargo, muchos supervivientes carecen de una visión "sana/real" de su propio cuerpo. Si no nos fijamos en él o lo miramos negativamente, entonces creemos que no es atractivo para los demás. Es una secuela normal de los abusos sexuales. No podemos convertirnos en el "objeto de deseo" de otra persona porque si no la atraemos, estaremos a salvo.

<u>Nota del autor:</u>

No percibir y no sentirse por miedo a más violencia sexual y permanecer así, en un aislamiento determinado a causa del abuso, no es el camino correcto

Empieza dando pequeños pasos. Alégrate de estar sano, de que tu cuerpo "funcione". Acércate a él de forma cariñosa y comprensiva, como te acercarías a ti mismo y a tu "niño interior", al alma de un niño herido. Sé bueno contigo mismo. Antes de empezar a cambiar externamente, cambia primero tu actitud hacia ti mismo.

No te regañes, no te menosprecies. Es contraproducente y una pérdida de tiempo.

"No me gusta nada mi cuerpo larguirucho. No puedo entender cómo alguien me encuentra atractivo. Mis encuentros sexuales no funcionan en absoluto. No soporto que se me acerquen y, a los dieciocho años, ¡sigo siendo *virgen*! Hace mucho tiempo que nadie me toca".

Esto dura unos cuantos años, no pensaba mucho en ello, simplemente era así. Era mi normalidad. Algo iba mal, pero no sabía lo que era. El miedo era el sentimiento predominante cuando se trataba de sexualidad, pero aprendí a disimularlo todo estupendamente, sin cuestionar nada.

Después de terminar mi servicio en la parroquia, viví en Hamburgo y me puse a estudiar idiomas. No tardé en echarme novio, era 15 años mayor que yo. Creía que le quería, pero simplemente era como un niño pequeño que necesita a su padre.

Una noche, mi novio me violó, diciendo: "¡No me digas ahora que no lo querías así!". Me quedé mudo. Era como un muñeco, sin vida. No me defendí, no me defiendo, me dejo maltratar y utilizar. Conozco bien el patrón, pero aún no soy consciente del todo.

Algo ocurrió esa noche, volvieron las pesadillas de mi infancia. Las primeras imágenes y recuerdos amenazadores e impactantes.

Además de estudiar, trabajaba como modelo. Para entonces era un "adulto", un hombre de 25 años con su propio dinero. Mis padres ya no me mantenían.

No tenía tampoco apoyos emocionales. ¿Mi madre? Callada. ¿Me acusaba de mi silencio? La descubrieron un cáncer. Ella también guardó silencio sobre eso al principio. ¡Esta es la familia de los secretos! La familia se alegra de no tener que ver más al niño perturbado.

Estoy solo; un solitario que, sin pretenderlo, se ha montado una fachada perfecta. Interpreto un papel, tanto fuera como dentro de mí. Es necesario para protegerme del horror de la experiencia y de las imágenes del pasado.

Nota del autor:

Es importante reconocer de qué familia vienes y ver a través de sus patrones y estructuras.

¿Qué sientes cuando piensas en tu familia?

¿Hay personas a las que proteges para tener un recuerdo positivo de ellas, como me ocurrió a mí con mi madre durante mucho tiempo, como una especie de recurso para no dar a toda la familia por perdida?

Reprimimos muchos momentos y experiencias negativas porque son dolorosas, pero en el proceso de despertar y cambio en el que te encuentras en este momento, tienes que ser honesto contigo mismo, por encima de todo.

Cuando los afectados secundarios se reprimen

Mi hermana sabe reprimir perfectamente. Siempre me sorprende lo fácil que le resulta olvidar cuando se trata de cosas desagradables de su vida.

"No lo recuerdo", "¿De verdad? ¿Se supone que he dicho eso?", "¡No me lo puedo ni imaginar!", "¡Déjame en paz de tus rollos psicológicos!"...

Así que es probable que, incluso con sus recuerdos e imágenes, se atreva a decir tales afirmaciones cuando no encajen con la imagen que tiene otra persona. Simplemente ni se lo cuestionan y lo niegan. "¡Basta ya! ¡Basta ya! ¡Es su problema!".

Cuando me enfrenté a mi padre por su método del agua fría y sus palizas con el cinturón y con las zapatillas (también le gustaba hacer eso), tenía casi treinta años; simplemente levantó una ceja, me miró de reojo y dijo: "No me acuerdo de eso".

¡Y ahí te quedas, con tus imágenes grabadas a fuego y tus sentimientos! ¡Sin pruebas! ¿Qué pasa entonces en tu interior?

Sabes que tienes razón, sabes qué ocurrió.

El patrón es siempre el mismo. No importa si alguien "no se acuerda" o dice que todo está en tu cabeza, porque con los años lo has tergiversado todo, te has inventado una historia. Se asume que tus recuerdos no son ciertos.

En esos momentos te enfrentas al muro de defensa de los demás que no permite entrar nada porque tu interlocutor tiene miedo. Cuando alguien reacciona así, devuelve la pelota a tu tejado y no hace nada para ayudarte a ordenar tus imágenes o incluso reconocer su existencia. Permaneces aislado. A menudo, los demás no te ayudan por vergüenza de su propio fracaso o remordimiento de conciencia.

Represión significa *protección* para muchos miembros de la familia, de la escuela, del club o incluso de la comunidad eclesiástica que estaban allí en el momento de tus abusos, quizás incluso llegaron a sospechar algo y no hicieron nada. Negándolo bloquean su sentimiento de culpa.

Responsabilidad de las partes afectadas secundarias

Después de haber presentado mi libro *Katharsis* en la Kölner Treff en febrero de 2020, una mujer mayor se puso en contacto conmigo por teléfono unos días más tarde. Llamémosla Dagmar. Supe inmediatamente quién era, aunque hacía casi cincuenta años que no la veía. Era una antigua vecina de mi tía y, en la época de mis abusos, una mujer muy joven. Necesitaba hablar conmigo, quería verme, así que acepté.

En ese momento me vino una imagen a la cabeza. Estaba de pie sobre la mesa de la cocina, tenía cinco años y estaba desnudo. Mi tía me estaba masturbando e intentaba penetrarme analmente con el dedo. Vi la cara de pánico de Dagmar, que en ese momento tenía unos quince años.

Unos días después de la presentación del libro fui a visitarla; ahora vive en otra ciudad cerca de Dortmund. Dagmar es ya una señora mayor y evidentemente estaba nerviosa. Su hija estaba con ella, ofreciéndole protección y seguridad. Dagmar me contó, para mi sorpresa, que "de alguna manera" estábamos emparentados. Su hija se casó con mi primo-nieto hacía años. En 2004, cuando hice la "reunión familiar", le habría encantado poder estar allí. Mi prima nieta no lo habría permitido, alegando que se trataba de un asunto familiar.

Dagmar se puso más nerviosa al contarme todo esto, y la hija terminó saliendo de la habitación.

"Lo siento mucho por todo. Una vez lo vi. De casualidad. ¡Vi cómo abusaban de ti! Me siento culpable por haberme callado todos estos años". Al oír eso cerré los ojos y respiré profundamente.

Fue un breve momento en la historia del mundo, en un pueblillo de la cuenca del Ruhr, en un fresco día de marzo, pero un momento muy importante para mí y para mi historia.

Allí estaba Dagmar, obviamente angustiada, nerviosa y sintiéndose culpable.

Lo había visto todo. Era verdad. Ella me confirmó mis recuerdos, me dio la prueba de que sucedió de verdad.

Era una testigo que habría necesitado si hubiera llegado a juicio. Pero el maltrato se consideraba un delito menor, no un delito grave, cuando empecé a ocuparme de mi caso ya de adulto, y además había prescrito transcurridos diez años. No tuve oportunidad de denunciar a mi abusadora, de ahí que convocara aquella "reunión familiar" en el año 2004.

¿Qué habría pasado si Dagmar hubiera dado la voz de alarma cuando yo era niño?

¿O si hubiera acudido al juzgado de familia y hubiera hecho una declaración como testigo?

La escuché, estaba tranquilo, no estaba enfadado. Me contó que ella misma sufrió abusos cuando era pequeña, que tenía miedo de su padre, que era joven, y que temía la ira de mi tía, que era una "mala mujer". Yo era la primera persona a la que le contaba su secreto, el abuso que esta mujer cargó durante más de sesenta años. Nunca se lo había dicho a nadie. Pienso brevemente en los 16.000 casos en los que en 2019 hubo un juicio por abusos sexuales. Y eso que no todas las denuncias acaban en juicio.

¿A cuánto puede ascender el número de casos no denunciados en todas estas décadas? Sólo en mi familia, seis hombres sufrieron abusos sexuales por parte de familiares y sacerdotes, y nunca hubo juicio. Yo también formo parte de esa oscura cifra, aunque haya hecho "pública" mi historia. He escrito un libro sobre ello, pero en los registros de la policía mi caso tampoco existe. No pude defenderme ante un tribunal. No se me hizo justicia. ¡No se me concedió!

Como en tantos otros casos, el perpetrador siempre sale impune. ¡Hasta el día de su muerte!

Quizá nunca habría escrito *Katharsis* si Dagmar hubiera hablado en aquel entonces. Tal vez no estaría sentado aquí ahora, describiendo mis experiencias en el presente libro para ti, con la intención de ayudarte a no sufrir durante décadas.

¡Quisiera! ¡Ojalá, pudiera!

¡Es muy importante reconocer la responsabilidad de

quien observa un abuso sexual! O de alguien que sospecha que se está produciendo un abuso y permanece callado por miedo, por vergüenza o por lo que sea.

Y de nuevo se entra en el círculo vicioso de la vergüenza, la desgracia, el aislamiento, también para los posibles testigos, y todo ¡provocado por el tabú! Porque si no se habla cuando ocurre, muchos se sienten rápidamente culpables.

Llegados a este punto, mi llamamiento a todos los testigos potenciales es que no tengan miedo ¡Tened el valor de expresar vuestras sospechas y observaciones! Podéis evitar que ocurran cosas malas, acabar de raíz con años de sufrimiento. Confirmad lo sucedido con la superviviente, aportad todas las pruebas de que se están produciendo abusos. ¡Romped el ciclo! ¡Activa la prevención! El silencio sólo beneficia al agresor.

Me seguí dejando "violar" siendo joven. Es decir, teniendo relaciones sexuales con otros que no deseaba realmente, me resistía interiormente, pero no me defendía. Oía frases como: "Tú también lo quieres", "No seas así". Sentía que tenía que seguirles la corriente. Era un patrón familiar al que no podía resistirme porque no tenía herramientas para ello. Simplemente, dejaba que me pasara.

El momento de darse cuenta

A finales de los ochenta, las imágenes volvieron a la superficie de mi conciencia con una ferocidad inesperada.

Estaba en un seminario de interpretación en Munich. Nunca llegué a ser actor, pero ese taller, y también los tres años de clases de interpretación en Nueva York, fueron importantes y valiosos para mí. Me abrieron el camino hacia mis sentimientos, hacia mi miedo y hacia mis abusos.

Nada de lo que hacemos en la vida es en vano. Todo se construye sobre lo demás y te lleva a donde estás ahora, a este momento de tu vida.

En este taller de Múnich hicimos ejercicios de relajación un grupo de treinta personas de edades comprendidas entre los veinte y los treinta y tantos años, hombres y mujeres. Me gustó el taller, me gustaron las personas, me sentí seguro.

Experimenté el sentido de *comunidad*.

John, nuestro profesor de Nueva York, era honesto, empático, sabía lo que hacía y cuándo debía o no hacer algo. Era un gran educador.

Hicimos un ejercicio en el que otro participante del taller tenía que relajarnos. El objetivo era entrar en contacto con nuestros sentimientos a través del trabajo corporal, que luego podíamos instrumentalizar para llenar el "personaje", el papel que representábamos, de la forma más auténtica posible. Estaba sentado en una silla. Otra participante del seminario, una joven de unos veinte años con unos grandes ojos azules y una bonita sonrisa, se lamía los labios constantemente, de forma inconsciente. Respiró profunda y audiblemente. Era una persona muy atractiva, aunque no parecía ser demasiado consciente de ello. Me levantó los brazos, buscando tensiones en mi cuerpo para liberarlas.

Otro objetivo del ejercicio era relajar el "instrumento", es decir, el cuerpo; hacerlo flexible para que las sensaciones fluyeran y no se quedasen bloqueadas. A continuación, me levantó la pierna derecha y me sujetó el muslo con las manos. Era verano, así que llevaba pantalones cortos. Tenía unos veinte años por aquel entonces. Subió las manos y me rozó (sin querer) los genitales con el antebrazo.

Fue el detonante.

En ese momento, algo estalló en mi interior y un torrente de imágenes recorrió mi cerebro. Eran imágenes del abuso que había comenzado hacía dos décadas y duró ocho años; un abuso que había empujado a las profundidades de mi subconsciente para sobrevivir.

Aquella mañana en Munich, me senté en una silla de madera, eché la cabeza hacia atrás, la única parte de mi cuerpo que podía mover, ya que el resto estaba paralizado y acalambrado, como en estado de shock.

De repente me salió un largo grito que no pude contener. La compañera se sobresaltó, la clase detuvo el ejercicio, todos se quedaron angustiados mientras yo seguía gritando. John vino, me miró e hizo lo único correcto. Me dio una bofetada. Esto me trajo de vuelta al horror que acababa de revivir; imágenes de sexo oral, de mi tía sonriéndome mientras me meaba encima, la cuchara de madera que me metía por el ano...

¿Qué ocurre exactamente cuando las imágenes vuelven? ¿El horror y el espanto de lo que hemos vivido aparece de nuevo en nuestra mente? ¿Sentimos el abuso en cada célula de nuestro cuerpo? ¿El dolor, la pena, el horror, la incapacidad de defendernos porque éramos niños?

Incluso ahora, décadas después, en ese momento la infinita tristeza de lo sucedido se hace real; el horror y el espanto me mantuvieron atrapado por un momento.

Hasta el día de hoy, he aprendido a lidiar con ello, he aprendido a confiar en mis recuerdos y a aceptarlos. Ya no le doy ningún poder al miedo. Lo veo y puedo dejarlo ir. Sé que es estrés postraumático cuando no puedo respirar por un momento. Ahora puedo estar ahí para el niño que una vez fui y llevarle, abrazarle y protegerle.

Y de eso trata este proceso.

Tú, como superviviente, puedes darte el apoyo que necesitas.

Puedes sobrevivir al abuso.

Siempre habrá situaciones en las que "resurja de todo", pero no siempre seguirán siendo amenazadoras. Sentirás la conciencia de tu propio poder y aprenderás que esos sentimientos no te definen. Darme cuenta de ello fue un largo camino para mí. Y será un largo camino para todos los supervivientes.

Nota del autor:

Piensa cuánto tiempo han tardado todos los mecanismos y estructuras de defensa de tu alma en formatearse. Cuánto tiempo han tardado las voces externas en sugerirte cuáles son tus voces y tus valores. Simplemente necesitas tiempo para reconocer, analizar y comprender emocionalmente estos mecanismos y estructuras.

Después vendrá el verdadero cambio en tu comportamiento, hacia ti mismo y hacia los demás.

Aquel día, en un seminario en Múnich, vi una película de terror protagonizada por mí. Y será de igual manera para muchos otros cuando recuerden.

Puede ser un olor, una película o un nuevo trauma lo que desencadena los recuerdos. En mi caso, fue un ejercicio de relajación.

John miró a mi compañera de clase y dijo. "¿Qué ha pasado, Hanne?". Ella se quedó estupefacta y por supuesto, desconocía en absoluto por qué me había puesto de aquella manera.

¡Hanne! El nombre de mi tía.

Y aunque esta Hanne no tenía nada que ver con mi tía, una palanca en mi cerebro se activó. El nombre, la energía sexualizada y el tacto de la joven, fueron los detonantes de mis recuerdos. Tardé unos días en volver en mí. Alejé las imágenes, pensé que eran fantasías enfermizas, la imagen de mi madre seguía deslizándose entre ellas. Me invadió el miedo, la incapacidad de defenderme y estar a merced.

No creía en mis propios recuerdos porque eran demasiado amenazadores. En su lugar, seguía creyendo en las viejas voces, patrones y estructuras de mi interior, que había interiorizado como "verdad" y que había reconocido hasta entonces.

¡Estoy loco, es culpa mía, me estoy inventando las cosas!

Todos estos sentimientos estaban ahí, pero seguí apartándolos rigurosamente para no tener que ver esas imágenes.

Para no tener que reconocer lo sucedido como verdad.

No sabía cómo manejarlo. No tenía herramientas. Estaba aislado.

Tuvieron que pasar otros dos años para que, por fin, abordara el asunto y me enfrentara a los malos tratos.

No se puede forzar nada en lo que se refiere a procesar tu abuso. La psique no funciona así. Puedes tomar pastillas que te hagan olvidar todo y te hagan funcionar como la sociedad espera que lo hagas; Upper, Downer, Adderall, Xanax o cualquier otra cosa que te receten los médicos. Puedes drogarte para no tener que enfrentarte a tu historia. Pero todo lo que reprimas acabará saliendo porque quiere ser escuchado.

Terminé mis estudios y me fui de Hamburgo a Nueva York a finales de 1990. Había abandonado el modelaje, no me sentía atractivo. No me sentía yo mismo, no podía seguir, ¡había dejado de sentirme a los cinco años!

Empecé a maquillar para sesiones fotográficas durante mi beca en la Sorbona de París, de 1987 a 1989. Luego, justo antes de irme a Nueva York dos años más tarde, trabajé con Claudia Schiffer y Cindy Crawford, las primeras supermodelos de los noventa. ¡Qué suerte la mía!

Seguí ignorando las imágenes de abuso. Me sumergí en los estudios del mundo de la moda de Nueva York, volé a Miami, al Caribe, a Islandia, Marruecos y Colombia para sesiones fotográficas. Todo era brillo,

glamour y dinero; estaba constantemente distraído y de
un lado a otro del mundo; ahí es donde quería estar.

Estalla la burbuja

Entonces llegó Acción de Gracias, a finales de octubre de 1991.

Si no lo sabéis, es la celebración familiar por excelencia en Estados Unidos. Se hacen grandes celebraciones de unidad, amor, pavo y béisbol. También mucha mierda sin procesar y dinámicas familiares rotas. Pero por fuera, todo es paz, alegría y tortitas. Es una celebración más importante que la Navidad.

Mi madre había muerto unas semanas atrás, en septiembre. Volé a Alemania y vi a mi padre muerto de frío y a mi hermana llorando. Mi abuela Paula parecía preocupada. El resto de parientes, de los que me había distanciado mucho, estaban como si nada. Todos vinieron al funeral, excepto mi tía Hanne, que se inventó una excusa, como hacía siempre que sabía que yo iba a estar en un encuentro familiar.

No sentí nada en el funeral de mi madre. No había cuerpo, estaba todavía en la aduana. Mi madre murió en Mallorca. Mi padre se emborrachó y quiso suicidarse; me cogió en brazos de repente, 25 años tarde. Se sentó borracho en la cocina y le arrastré hasta la cama a las tres de la mañana. Era un desastre emocional de cincuenta y seis años.

Unos días después volé de vuelta a Nueva York como

un bloque de hielo, o más bien una bomba de relojería.

La explosión llegó, como he adelantado, en Acción de Gracias. Un mes después.

Sabía que ese día estaría solo. Lo sabía y no me importaba, pensé. Sería gracioso que no nos juntáramos ese día. Ya me había pasado la Nochebuena empapelando paredes en Hamburgo. ¿La víspera de Año Nuevo? Una tontería. ¿Cumpleaños? No lo celebro desde los catorce años. ¿La familia? Sólo existe en las novelas y en los anuncios.

Y entonces, en aquella lluviosa y sombría tarde de finales de octubre en Nueva York, en la ciudad que nunca duerme, la ola me golpeó con tal fuerza que pensé que me iba a morir.

Las imágenes resurgieron mientras estaba tumbado solo en el sofá de mi piso de la calle 15 de Chelsea, viendo una película trivial.

Como un maremoto, como una presa que se rompe, salió de golpe mi infancia, mi tía, mi difunta madre, los abusos, las palizas de mi padre, la soledad. La impotencia y las mentiras, la decepción de ser rechazado por mi familia. Por todos.

Todo se me vino de repente y se abalanzó sin piedad sobre mí. Salí corriendo del piso a deambular por las calles vacías, ya que todo el mundo estaba en la cena familiar del pavo, y me sentí como un zombi. Chocaba con las farolas, tropezaba, no sabía lo que me pasaba y lloraba desconsoladamente, por fin, por la muerte de mi madre y por lo que me habían hecho durante años. Regresé al piso horas después, agotado. Ya no podía seguir ignorando los recuerdos, ¡sabía que eran verdad! Los abusos habían ocurrido de verdad. Era la verdad. Y tenía que decidir, en ese momento, si finalmente, a mis treinta y tantos años, empezaría a enfrentarme realmente a mis abusos.

Así de fuerte y prepotente, así de eterno actúa en nosotros el abuso sexual. Nada se olvida, todo vuelve, lo queramos o no.

A menos que intentemos olvidar y nos convirtamos en alcohólicos o drogadictos. O que sacrifiquemos a nuestro hijo, como hizo mi padre, que se drogó, se emborrachó, sacrificó a su hijo, trató de olvidar y, sin embargo, nunca pudo.

Todos tenemos nuestras propias historias, y no importa de qué sexo seas, o si fue un agresor quien abusó de ti. Puede que hayas vivido con esos recuerdos durante mucho tiempo, o que los hayas recordado hace poco.

EL ABUSO ES ABUSO.
Independientemente del género.
Independientemente de la duración del abuso. La

violencia sexual se llevó a cabo, y es con lo que has crecido.

Este abuso ha cambiado algo en ti y sólo cuando te enfrentes a tu historia, podrás liberarte de la prisión interior y las limitaciones exteriores que te ha impuesto.

La terapia puede ser una forma de avanzar con esto y en mi opinión es extremadamente importante para cada superviviente. No puedes afrontar el trauma tú solo.

Pocos días después de Acción de Gracias, empecé una terapia de larga duración que me movió y ayudó mucho, durante mucho tiempo. Los efectos fueron a largo plazo.

Tardé años en procesar y comprender todo, de manera racional y emocionalmente.

Como ves, no estás solo con tus recuerdos, con tu lucha interior, con tu búsqueda de una solución y de trabajo.

Todos los supervivientes pasan por esto tarde o temprano, si tienen el valor de enfrentarse a su historia.

<u>Nota del autor:</u>

Tenemos que aceptar las imágenes, los recuerdos de lo que nos hicieron.

No debemos dar poder al miedo.

No debemos dar poder al agresor.

Podemos y debemos enfrentarnos a nuestra historia. Especialmente, y también, con la ayuda de un terapeuta.

Incluso si los malos tratos ocurrieron hace mucho tiempo y crees que tienes que dejarlo pasar y rendirte.

¡No lo hagas! Sólo te has alejado del camino.

No morirás si haces caso a tus recuerdos. Sobrevivirás.

4. *PUEDES ENFRENTARTE A LA SITUACIÓN*

(A tu familia, tu entorno y tu propia situación.)

Has recordado tus abusos, aunque los hayas reprimido durante algún tiempo. Ahora forman parte de tu realidad.

El comportamiento (la represión, la negación, el olvido) que tenía que protegerte, ya no es necesario.

O quizás nunca olvidaste los abusos, simplemente hiciste todo lo posible por no recordar aquellos terribles momentos. Pero en el fondo sentías y sabías que huir no era la solución, que la adicción y las drogas, el silencio y el aislamiento, no podían ser la salida, ¡porque sólo te destruyen y son un camino de ida!

Confías en tus recuerdos y sentimientos y hablas de ellos con tus amigos.

Puede que vayas a terapia, a lo mejor grupal y experimentes por primera vez lo que significa la confianza y el apoyo de otros afectados.

Puede que tengas una pareja que está a tu lado y sientes que te toma en serio.

Vas por el buen camino, lo sabes, algo está cambiando en ti, tienes esperanza, el miedo ya no te domina.

La rabia por lo que te hicieron puede convertirse en una fuerza que utilices para enfrentarte a tu propia historia personal de abuso sexual, de violación.

Recuerda que debajo de la rabia se esconde la pena y que tu rabia quiere proteger esa pena, ese dolor y esa emoción.

Si te quedas con tu ira, con la "rabia", entonces puede convertirse en una fuerza negativa y destructiva que vive dentro de ti, consumiéndote y culpando a todos los demás.

No se trata de los demás, se trata de ti primero. El cambio empieza en uno mismo.

Tú eres el que mira, el que cambia. Tú eres quien puede reconocer tus estructuras y analizarlas, descubrir lo que realmente te conviene y lo que necesitas para seguir viviendo según tus reglas y valores.

Puedes buscar ayuda en terapeutas, en instituciones que den un espacio a los supervivientes y que realmente ofrezcan ayuda; en reuniones grupales, en AA; puedes encontrar ayuda en conversaciones con tus amigos. Todas esto son puntos de contacto importantes.

Y luego está la familia, donde deberíamos sentirnos seguros, como cuando éramos pequeños. Donde debemos ser protegidos, guiados, apoyados y preparados para la vida.

Cuando alrededor del 75% de todos los casos de

abusos sexuales se producen en el seno de la familia, se hace muy difícil para nosotros, los supervivientes.

Si las imágenes que se ven en la tele y en las películas no se aplican a tu familia, esto puede provocar confusión en un niño o un adolescente. Si la imagen idealizada de la familia que nos presenta la sociedad no tiene nada que ver con lo que vives cada día, es algo que choca.

No importa si vienes de una familia blanca conservadora, como yo, o como sea tu propia familia, si la familia es disfuncional, habrá problemas. Por supuesto, hace medio siglo era más difícil que hoy en día, plantear la cuestión de los abusos y la violencia sexual en la familia. Pero lo sigue siendo para la mayoría de las víctimas si el agresor forma parte de su familia inmediata. Si es el padre o la madre.

No sólo porque él o ella tuvieron poder sobre ti de pequeño, sino porque este poder perdura. Hasta que la persona afectada se defiende y se libera de él. Hasta que no le quites el poder al agresor mediante un trabajo activo y continuo sobre el tema, no desaparecerá por sí solo.

¿Y si el agresor fue tu hermano o hermana? Eso también ocurre, por supuesto. ¿Son ellos también una víctima en la familia? ¿Qué pasa con los parientes más próximos y cuál es su relación con tus padres? ¿Qué poder tienen en la familia?

La familia debe ser un lugar donde el miedo no tenga

cabida, y el amor, la comprensión y la confianza nos ofrezcan seguridad. Donde deberíamos sentirnos protegidos y fortalecidos. La familia perfecta no existe, eso es un deseo o una idea de la publicidad que quiere transmitirnos exactamente eso:

que cuando compremos un determinado producto, todo vaya bien. Lo principal es que el mantel sea blanco, el café tenga el tueste adecuado y la casa esté ordenada. Sin olvidar tener el seguro adecuado, ¡porque entonces nada puede ir mal en la vida!

Estos anuncios ya existían en los años setenta, *"Der Mann von der Hamburg Mannheimer"*, Clementine y su "Ariel", Persil, Rama o Kindererschokolade.

Imágenes que me moldearon, me manipularon e influyeron en mi vida. Imágenes que transmitían una idea de familia que para mí no existía.

Tú también tendrás estereotipos similares en la cabeza, aunque de una década diferente, pero el mensaje no será muy distinto.

Cuando recuerdo a mi núcleo familiar, el sentimiento predominante, el recuerdo predominante, es la ausencia de amor, calor y confianza. Hay recuerdos de limitaciones, de convenciones, de la idea o el deseo de una familia. A día de hoy, me sorprendo cada vez que veo niños, o ahora hijos adultos, que tienen una relación de amor con sus padres. Que quieren a sus padres y son correspondidos.

Enhorabuena si ese es tu caso, porque significa que

tuviste una maravillosa base para tu vida. El apoyo y el amor de alguien que gobernaba tu vida, ¡que tenía el poder!

Y eso es exactamente lo que la mayoría de los supervivientes no tuvieron cuando su padre o su madre abusaron de ellos.

En mi caso, fue mi tía, cuñada de mi padre, que era bastante mayor. Mis padres fueron a su vez niños de la guerra traumatizados, mi padre un superviviente de varios abusos. Mi madre intentaba ocultar su permanente remordimiento de conciencia hacia su madre con una alegría constantemente proyectada. Sin embargo, su sentimiento de no ser suficiente, la determinaba.

De joven intenté crear un sentimiento de amor y cohesión en mi familia. Volvía a casa del colegio, hacía los deberes obsesivamente, sacaba buenas notas para complacer a mis padres, preparaba el café para mi padre que volvía del trabajo a las cuatro de la tarde, limpiaba las escaleras para mi madre y cocinaba. Compré el juego del Monopoly para jugar los domingos por la tarde en otoño. Incluso salí a pasear con ellos. Intenté cambiar la dinámica de mi familia.

Cuando tenía dieciocho años, en Navidad, probé suerte con un ganso. A mi madre no le gustaba cocinar, era más de comida congelada. Durante dos días cociné para la cena de Nochebuena, decoré la mesa del comedor, que nunca utilizábamos, y luego nos sentamos allí, sin nada que decirnos, sin alegría.

¡Navidad! ¿Unidad? ¿Calor? ¿Amor? ¿Cómo iban a amar mis padres si no habían aprendido qué era eso? En el fondo sabían que me habían fallado a mí, habían fallado como padres, como protectores.

Fue el final de mis esfuerzos por tener unidad familiar. Cuando lo pienso a día de hoy, mis padres siempre tuvieron un miedo inconsciente a que yo sacara el tema de los malos tratos. Tenían permanentemente remordimientos de conciencia.

Pero, ¿a dónde conduce la mala conciencia, la evasión del tema que nadie quiere abordar? Cuanto más tiempo pase, siempre habrá más distanciamiento y cada uno se encerrará en su postura con más vehemencia.

Todos tenemos nuestra propia historia individual con nuestra familia.

¿Dónde te encuentras tú aquí y ahora, en este momento de tu familia? Puedes hacerte las siguientes preguntas:

<u>Nota del autor:</u>

¿Eres un mero observador? ¿Estás enfadado? ¿Tienes contacto con ellos? Y sobre todo: ¿Quieres tener contacto? ¿Cómo debería ser? ¿Puedes determinar este contacto o influir en él para que sea bueno para ti?

¿Estás liberado de viejas dinámicas que ya no te sirven? Ahora que te estás transformando, ¿crees que algo va a cambiar o que puede cambiar?

En ti seguro, porque ya estás en ese camino. Claro que estás preparado para cambiar. Si no, no estarías leyendo este libro, ¡aunque te resulte difícil!

Pero, ¿y tu familia? ¿Está tu familia dispuesta a admitir que ha cometido errores? ¿Están listos para pedirte perdón y acompañarte en tu camino de sanación interior y cambio?

Si no, ¿cómo lo afrontarás cuando te defrauden (otra vez)? ¡Ahora ya no eres un niño! Haz preguntas incómodas, pero importantes. Puedes esperar mucho, otra cosa es que se cumplan tus expectativas.

Prepárate para esta situación. Deja de aferrarte a esperanzas irrealizables y prepárate ya para el cambio. Y eso incluye a tu familia.

Mi tribunal de familia

No tengo una familia muy numerosa. Mi madre tiene dos hermanos, mi padre tres, pero su hermano mayor murió al comenzar la Segunda Guerra Mundial. Se había alistado como soldado a los dieciocho años después de que un clérigo católico abusara sexualmente de él durante mucho tiempo. Quería alistarse en las SS, quería ir a la guerra. En realidad era un niño con un trauma no procesado.

Mi tío se llamaba Paul Reh y solo le conocí por una foto en blanco y negro que colgaba encima del sofá del piso de mis abuelos. Nunca se habló del "caído", mi familia era la del silencio. Me enteré de sus abusos en 2014 ¡Diez años después de mi reunión familiar! ¡Más de setenta años después de su muerte! Cuando tuvo lugar el tribunal familiar, mi familia estaba formada por 29 personas. En 2004 invité a todos a una reunión, un tribunal familiar, para hablarles de mis abusos. Quería justicia, y desde luego no la obtendría del poder judicial. Quería la comprensión de mis familiares, así como una disculpa del maltratador.

Se presentaron 16 personas ese domingo por la mañana, para hablar de mi "caso". El resto tenía razones para no venir: ¡Miedo, vergüenza, culpa!

Hoy seríamos también dieciséis personas. El resto de la familia ya ha fallecido. Todavía tengo contacto con nueve personas de la familia. Los demás no quieren saber nada de mí, me ignoran o están enfadados.

Para mí, esta confrontación significó una liberación. Para ti también puede serlo, quizás. Se trata de ti y no de los demás.

Ten en cuenta que con tus abusos sexuales te acercas a tu familia con una bomba en la mano. Al menos eso es lo que sentirán algunos miembros de la familia.

No tienes que proteger a nadie. Ahora puedes aprender a protegerte a ti mismo, porque mientras no nos enfrentemos al abuso, permaneceremos encerrados en nosotros mismos, en la posición del niño que no puede defenderse. Tu tarea consiste en hacerte cargo de ti mismo.

Espero que al principio no te encuentres con resistencia y rechazo, como me pasó a mí, sino con comprensión. Pero eso presupone que tu familia, en primer lugar, esté informada de lo que te pasó. En segundo lugar, que esté dispuesta a cuestionarse y a cambiar. Que estén dispuestos a reconocer que pueden haber fracasado porque no te ayudaron. No reconocieron las señales en su momento porque tenían miedo de la verdad.

Así que hay que tener paciencia, pero también ser consciente de que uno lleva las riendas. Algo que entonces no sabía. Seguía dándole el poder a mi familia, y creía que solo podría sobrevivir con su ayuda y aceptación, con su amor, que aún anhelaba. Y puse la culpa donde correspondía: en el agresor.

Este tribunal de familia funcionó en el momento en que me "desnudé" emocionalmente por completo y mi familia no pudo evitar creerme, porque sintieron que decía la verdad. No quise callar más. Desde mi perspectiva actual, me contuve demasiado. Me sentía como un niño que no paraba de gritar por dentro: "¡Por fin me creéis! ¿Por qué nadie me ayuda todavía? ¡Vosotros sois los adultos!". Tenía que explicarme y defenderme.

<u>Nota del autor:</u>

Si vas a enfrentarte a tu familia o a tu agresor, sé fuerte. Enfádate. En este momento, ¡la ira es apropiada e importante! Estás en tu derecho y tienes muy buenas razones para defenderte.

Llévate contigo a alguien en quien confíes, que pueda apoyarte. Alguien que te apoye para que sepas que no estás solo. Tú llevas las riendas.

<u>Para la familia y cualquier persona afectada de manera colateral, nota del autor:</u>

Recuerda que cuando un superviviente comparte su historia, estás tratando con un niño traumatizado. Cuando un superviviente comparta su historia contigo, solo o en grupo, sé consciente de ello, no importa la edad que tenga. Puede que veas a una mujer o a un hombre adulto delante de ti, pero dentro vive el niño que no ha sido escuchado durante mucho tiempo y que todavía tiene miedo. Hace falta valor para contar su historia. Así que sé amable y cuidadoso y tómatelo en serio.

Encontré un desahogo emocional y una especie de familia y hogar con el hermano de mi madre y su familia, a raíz del tribunal familiar. Hasta el día de hoy, mi tío ha sido más mi padre de lo que nunca fue mi propio padre. Porque está a mi lado, me escucha y me apoya.

Por desgracia, no funcionó tan bien con otros miembros de la familia, había demasiada resistencia y también sus propias experiencias de abuso.

Un primo mío asistió a aquella reunión familiar, pero no me escribió hasta 16 años después, tras la publicación de *Katharsis*, contándome que él también había sufrido abusos sexuales. Otro primo guardó silencio al respecto hasta su muerte. Mi padre, también abusado por un hombre y por mi tía, ¡ni siquiera vino al encuentro! Las razones eran obvias: DISTORSIÓN, VERGÜENZA, AISLAMIENTO.

Darme cuenta de que mi padre no me había ayudado de pequeño, no podía ayudarme ahora y nunca lo haría hasta el día de su muerte, 13 años después, me dolió durante mucho tiempo. Vivía atrapado en sí mismo, y murió tras cuatro infartos y derrames cerebrales. Me dejó solo, me repudió y me desheredó. Hasta esos límites puede llegar la autoprotección en una familia, de una persona que sufre abusos sexuales y que nunca se enfrenta a su realidad. Mi padre siempre siguió siendo la víctima de sus abusos, no se convirtió en un superviviente, sino que permaneció atrapado en su aislamiento emocional toda la vida. Así es como sobrevivió a sus abusos. Para mí, personalmente, "sobrevivir" también significa enfrentarse a la situación y aceptarla.

Por supuesto, mi padre "fracasó" en su papel de padre y su ignorancia fue quizá la peor herida emocional de mi vida. Le dejé marchar, me di cuenta de que él no podía ser el que yo necesitaba como padre, así que no me quedé atrapado en mi rabia y le dejé marchar.

No dependas de la aprobación y el permiso de tu familia o de tus padres.

<u>Nota del autor:</u>

Ya sabes lo que te pasó. No tienes que demostrarlo, ni si quiera a ti mismo. Basta con lo que eres y con lo que dices. Fíjate bien en quién te rechaza de tu familia y qué razones puede tener esa persona. No puedes cambiar a nadie, eso lo tienen que hacer ellos mismos, pero puedes elegir cómo te enfrentas a las cosas si observas las relaciones y la dinámica de tu familia.

¿Qué habría pasado si mi padre hubiera acudido al juzgado de familia en noviembre de 2004 y hubiese contado sus abusos por parte de la misma mujer que abusó sexualmente de mí? ¡YO ME HABRÍA ABIERTO!

¿Y si mis primos se hubieran levantado? YO TAMBIÉN. ¿Y si mi cuñado hubiera tenido el valor de decirlo? ¡YO TAMBIÉN!

Quizá nunca habría tenido que escribir *Katharsis*.

No te dejes arrullar por promesas a medias, por consejos bienintencionados pero ingenuos, como: "¡Espero que ahora encuentres la paz!" —cita original de mi hermana.

Como afectado secundario, ten cuidado con lo que dices, lo que aconsejas, cómo te comportas con el superviviente en ese momento de confrontación. Sé sincero.

"¡Todo va a ir bien!", "Ya está, ya ha salido, ya podemos volver a encontrar la paz", "Ha pasado tanto tiempo...".

Esas frases genéricas no ayudan a nadie.

Los abusos sexuales son incomprensibles para la mayoría de la gente. ¿Cómo se puede querer excitar a un niño y obligarle a realizar actos sexuales? Tú también puedes sentirte conmocionado y abrumado si alguien te cuenta que le ha pasado eso. Diles claramente si necesitas tiempo para procesarlo primero, no todo el mundo puede afrontarlo inmediatamente y ayudar a la víctima. A menudo basta con un abrazo o con compartir tus sentimientos. Eso suele ser suficiente, porque demuestra tu apoyo y tu empatía.

Si tienes previsto convocar un "tribunal de familia", es decir, enfrentar a toda tu familia para exponer los malos tratos, aquí tienes algunas indicaciones.

<u>Nota del autor:</u>

Un tribunal de familia no debe celebrarse en casa, sino en un lugar neutral. Preferiblemente en una sala privada que puedas alquilar.

Invita a todos los miembros de la familia, incluido el agresor. Lo mejor es hablar con todos personalmente o por teléfono. Si tienes miedo de hablar con el agresor en persona, es perfectamente comprensible, puedes invitarle por escrito.

Busca con antelación uno o varios aliados en la familia o en tu círculo de amigos para contar con su apoyo. También puede ser una persona de confianza que no sea un afectado secundario, o un terapeuta. No te subas solo "al ring".

¿Qué quieres conseguir con esta reunión? ¿Quieres

informar de lo que sucedió? ¿Quieres conseguir una disculpa? ¿Quieres aclarar algo? La venganza no debe ser tu motivo.

Tampoco dependas de los ánimos de la familia. Piensa en los puntos exactos de lo que vas a decir y describe el abuso y sus consecuencias sin avergonzarte. Tienes derecho a hacerlo.

Sé consciente de que no todo el mundo estará de tu parte, tienes que estar preparado para las confrontaciones. Sé tu mayor apoyo, porque los tribunales de familia son un asunto muy emocional, y eso afecta a todos los que se ven implicados en él.

No deberías hacerlo tú solo, ya que estarás bajo mucha tensión emocional (estrés), estando acompañado podrás concentrarte en la historia que vas a contar.

Tras la reunión, debes prestar atención a qué dinámicas cambian en tu familia y cómo puedes reajustar tu actitud hacia determinadas personas.

A nadie de mi familia le pareció extraño en aquel momento, ni se tomó como un reconocimiento clarísimo de culpabilidad por parte de la agresora, cuando no acudió a la reunión por miedo y solo logró que una abogada y su marido me dijeran que no difundiera mentiras.

Mi hermana acudió a mí tras el tribunal familiar. Quería paz en la familia, buscaba, como yo desde hacía tiempo, un sentimiento de conexión. Ahora entendía lo que me había pasado de pequeño. Antes no me había tomado en serio, ni a mí ni a mi historia, incluso había invitado a mi tía a su casa en alguna ocasión, aunque ella ya tenía un hijo de seis años y sabía lo que esa mujer me había hecho. Me ignoró a mí y a mis abusos y no me creyó.

Quizás a estas alturas ya lo sepas, para que te tomen en serio, primero tienes que tomarte en serio a ti mismo. Eso requiere valor y fuerza, que están en tu interior. Si no te tomaron en serio a tu alrededor, no has podido tomarte en serio a ti mismo y a tu historia de abuso, reconociéndola como verdad.

No te culpes.

Nunca te culpes a ti mismo.

Estás aquí y ahora. Reconocer, procesar y desprenderse del abuso es un proceso lento.

Confía en tu subconsciente para que trabaje por ti. Habrá momentos para los que te prepares inconscientemente durante mucho tiempo. Todavía a día de hoy me siento así. Confío en el proceso, ya no acelero nada, ya no fuerzo nada. Me alegro cada vez que tengo una nueva percepción, un "rayo de esperanza", un momento que de repente ilumina el pasado.

El marido de mi hermana me confesó unos meses después de conocernos, que también había sufrido abusos por parte de su hermano y de su tío. Mi hermana se divorció más tarde y después ella misma se dio cuenta de lo traumática que es la experiencia y de cómo le afectó como víctima secundaria. Mantuvimos el contacto durante muchos años, no fue fácil para ninguno de los dos. Yo no soy una persona fácil, soy el resultado de una infancia muy traumatizante. Pero ya no reprimo nada, llego al fondo de las cosas hasta haberlas comprendido y procesado plenamente. Me costó mucho asimilar el hecho de que a mi hermana le gustaba "olvidar" las cosas. Explicarle que lo que hacía era desplazarme, no era posible. No todos los miembros de la familia quieren afrontar lo que pasó en realidad. No está bien, pero es su decisión, aunque sea difícil de aceptar. No sirve de nada quejarse.

Algunos afectados colaterales tienen miedo o carecen de valor y compasión. O desconocen lo que significa el abuso sexual. Pero compasión es lo último que necesitamos los supervivientes.

Nadie tiene que COMPARTIR su sufrimiento, pero deberían SENTIRLO.

Cuando mi padre murió en 2015, fue un duro golpe para mi hermana. Y cuando en febrero de 2020 se publicó *Katharsis* donde hablaba de lo que mi padre (no) había hecho, mi hermana reaccionó con rabia e incomprensión. Ella opinaba que yo sólo hacía todo esto por venganza contra su difunto padre. Por supuesto que destruí la imagen idealizada que tenía de él, pero no por venganza.

Solo conté públicamente mi visión de las cosas porque quería educar. Quería trabajar de forma preventiva y ver esta historia como un objetivo.

Obviamente, mi hermana tuvo una relación con mi padre muy diferente a la mía. Igual que estoy seguro de que otras personas tenían una relación completamente distinta con la autora de los abusos, Hannelore Reh.

Deliberadamente menciono su nombre a menudo, no por venganza, sino para sacarla del anonimato, para ponerle cara.

Nombra a tu agresor, ¡no dejes que caiga en el olvido y en la impunidad!

Mi hermana sigue protegiendo la imagen que tenía de nuestro padre. Para ella sigue siendo, incluso después de morir, más importante que yo, que sigo vivo.

Su verdad y el falso recuerdo tienen más poder que mi verdad y lo que yo soy.

Con esto, sobre todo, se protege a sí misma. No quiere seguir lidiando con esta historia. Se fue alejando cada vez más y llegó un punto que ya no tenía acceso a ella. Le dije que no permitiría que me trataran así, que no permitiría que me tratara como lo hizo mi padre por ignorancia y falta de comprensión. ¿Cómo puede mi hermana afirmar que su verdad es más importante y correcta que la mía? Ella evalúa la verdad y las consecuencias de forma diferente a como lo hago yo.

Así que rompí el contacto.

Tomé una decisión de lo que permitiría y lo que no permitiría que me hicieran. Dije: ¡No! Así no.

Fue un momento importante de autodeterminación.

<u>Nota del autor:</u>

Ten en cuenta que las estructuras de tu familia cambiarán. Es normal y puede ser positivo. Al fin y al cabo, la vida es un cambio constante.

Y eso también se aplica a tus amistades y a tus relaciones cuando compartes tu historia con los demás. A tu familia, a tu círculo de amigos, o más tarde, como en mi caso, al público en general. Siempre habrá voces negativas, que no te crean, temerosos, detractores, teóricos de la conspiración. Siempre.

Pero no permitas que se sitúen por encima de ti y de tu verdad, que la juzguen y que juzguen cómo tratas tu verdad.

¿Qué importancia tienen para ti esas voces negativas e incrédulas de los demás? ¿Les das importancia? ¿De qué te sirve? De nada.

Como cuando alguien escribe en Internet que mi libro es una "recopilación de pajas para pederastas", o cuando otra persona comenta: "No sé qué pretendes.

La vieja (mi tía) parecía una cachonda. Quería convertirte en un hombre", o cuando una mujer piensa que soy un "cobarde" porque publiqué el libro después de la muerte de mi agresora y ahora no puede defenderse. (Aunque siempre hago hincapié en que me habría encantado publicarlo cuando aún vivía).

¿Qué tienen en común estas tres opiniones? Que me echan la culpa a mí. ¡La culpa! Invierten claramente los papeles. Defienden el comportamiento de la agresora y me ponen a su altura. Esto me indica que esas tres personas, obviamente, tienen sus propios problemas con el abuso. Sus declaraciones se corresponden con lo que yo llamo: el agresor, la víctima y el seguidor.

En tu familia también habrá gente así. Luego está el familiar pasivo, el ansioso y el depresivo. ¡Pero también habrá familiares que estén de tu lado! ¡Amigos! ¡Compañeros! Te acompañarán, algunos brevemente, otros durante más tiempo, algunos durante mucho tiempo, si vuestra relación es lo suficientemente fuerte.

También tuve ayuda en mi familia. Mi abuela, que no estaba muy presente, me creyó. Otra tía, Luise Jonas, que para entonces ya tenía 85 años, sabía que lo que yo contaba era verdad, y se enfrentó a la autora de los hechos. Ella sola consiguió que la autora y su marido admitieran su culpabilidad, algo que yo no podría haber conseguido en un tribunal y que ya había prescrito. Mi tía Luise se encaró con la autora de los hechos, su cuñada, a la que conocía desde hacía más de sesenta años, y le preguntó: "¿Qué pasó realmente, Hanne?".

La agresora gritó, la tiró del pelo y se fue corriendo hacia su dormitorio; se tapó la cabeza con el edredón y gritó: "Yo lo hice. Dejadme en paz, todos vosotros.

Su marido, hermano de mi tía Luise dijo: "Supongo que ahora tendrá que seguir adelante".

Así que, si puedes encontrar ayuda en tu familia, ¡genial! Pero ten presente tu necesidad de aprobación y de que te escuchen. Estás en tu derecho, pero algunas cosas necesitarás trabajarlas en terapia. Un tribunal familiar no puede resolverlo todo, ni tiene por qué hacerlo.

¿Y si estás al otro lado de la familia? Como afectado secundario que quiere ayudar, ¿qué harías? ¿Prestarás tu apoyo?

¡Ahora que sabes que tu pareja ha sido abusada!

¿Y tú, qué ocurrirá cuando tu hijo, hermana o hermano, sobrino, sobrina u otro familiar se te acerque contándote una experiencia similar? ¿Y si es un amigo o amiga?

Si llevabas sospechando algo durante un tiempo. ¿Por qué no dijiste nada? ¿De qué tenías o tienes miedo?

¿Por qué incluso hoy, en el año en que vivimos, dejas que te controle un tabú y tu miedo? ¿Por qué dejas que te frene en un papel más activo?

Son preguntas a las que tienes que responder con sinceridad. Y son muy diferentes para cada individuo.

En primer lugar, una revelación así siempre es un shock. Sé amable contigo mismo, tómate el tiempo que necesites para procesarlo, pero también comunícaselo a la persona afectada, a menos que se trate de un niño o una persona muy joven, en ese caso hay que ser fuerte y prestar ayuda inmediatamente.

¿Qué podrías hacer?

<u>Nota del autor:</u>

ESTAR AHÍ. Sencillamente, Estar ahí para el que viene y deposita en ti su confianza con esta historia.

ESCUCHAR. Es más fácil decirlo que hacerlo. Estas historias están conectadas por el dolor.

CREER. Aunque sea difícil. Cree a quien te confía su historia. Luego actúa en consecuencia. Por ejemplo, pidiendo consejo a Help Phone Abuse.

Mi abuela Paula Kramer, que entonces tenía 84 años, me dijo cuando le conté mi historia de abusos sexuales: "Es difícil de imaginar, pero si dices que eso es lo que pasó, entonces te creo".

¡Nada más! Eso es lo que hizo. No hizo nada más, no se enfrentó a nadie. Me escuchó, me creyó y me dio espacio. Después confirmó mis suposiciones.

A veces no le gustaba hacerlo, podía sentirlo. Pero lo hacía. Y eso me daba seguridad.

Fue de gran ayuda para mí.

Ojalá más supervivientes salieran a la calle y contaran su historia, tengan la edad que tengan. ¡Nunca es demasiado tarde!

Quiero que estés ahí como familiar, amigo o compañero. Puede ocurrir que esto "cambie" la dinámica en la amistad o en tu pareja, en tu matrimonio. A veces también puede ser contraproducente. Pero, sobre todo, puede ser una oportunidad para romper viejos esquemas y ayudar a un ser querido en su camino, en su búsqueda. Tú, como pareja, no puedes compensarlo todo, ni ser el terapeuta, pero puedes escuchar, creer y estar ahí. ¡Y eso es mucho y de gran ayuda!

Al asumir nuestra propia historia, conseguimos dos cosas, educación y ¡prevención!

Cuanta más gente hable de sus propias experiencias, cuanto más abiertamente pueda debatirse el tema en la sociedad y en la familia, más se priva a los agresores de su espacio y de su poder destructivo. Cuando se pone fin al silencio, se elimina el tabú, se "desnormaliza" el abuso sexual. Y al hacerlo, podemos proteger a muchos niños de estas terribles experiencias.

Enséñales a defenderse, a hablar y decir que no, a confiar cuando ha ocurrido algo.

Saber que no tienen por qué perecer en la prisión interior de la vergüenza, la desgracia y el aislamiento.

Saber que tienen derecho a defenderse y a comunicarse.

5. *¡PUEDES LLEGAR A QUERERTE, SIN NECESIDAD DE MALTRATARTE!*

¡Sé tu mejor aliado!

Si fuera tan sencillo... Pero nada lo es en tu camino como superviviente.

Ya has recordado, confías en tus recuerdos, ¡has podido enfrentarte a tu familia! Has logrado muchos avances a estas alturas. Todo ello te ha requerido mucha fuerza porque has sido tú el primero en dar los pasos.

Has demostrado valor para mirar y afrontar tu historia.

Has superado el miedo a enfrentarte y/o hablar.

Ahora puedes curarte con el tiempo. Lo harás.

Pero todavía hay algunos baches con los que te puedes encontrar. Me gustaría hablarte de ellos un poco.

Siempre habrá comportamientos tuyos que no tengan mucho sentido para ti. Por ejemplo, cuando actúas de forma contraproducente, pasiva y autodestructiva, renunciando al poder que tienes sobre ti mismo y tu autodeterminación.

¿A quién le cedes ese poder?

Mira fotos antiguas, de las personas que abusaron de ti, aunque ni siquiera estén vivas.

Escucha las voces que te hablan desde tu interior.

Observa a las personas con las que estás emocionalmente vinculado, pero cuyo juicio ya no valoras.

Las amistades pueden cambiar. Si de repente te dejas de llevar bien con algunos de tus amigos en tu camino como superviviente, es completamente normal. ¿Cuándo se formaron esas amistades? ¿En una época en la que aún eras otra persona? ¿Una víctima? ¿Antes de enfrentarte a tu historia con todas sus complicaciones y cambios?

Fíjate en cómo eras y si las "leyes" que marcaban esas amistades siguen siendo válidas hoy en día. ¿Tienes las mismas pautas de comportamiento o han cambiado?

¿Te has vuelto diferente? ¿Más ofensivo, más valiente, más libre? ¿Pueden tus antiguos amigos recorrer tu nuevo camino junto a ti? ¿Lo hacen en este preciso momento de tu desarrollo? ¿O carecen de la fuerza para hacerlo?

La vida es un cambio constante.

Las viejas estructuras y supuestas leyes que ya no se aplican a ti y a tu situación actual, pueden soltarse si estás dispuesto a hacerlo. Y hacer ese cambio también significa hacer un cambio en la dinámica de tus relaciones.

Cuando una víctima de violencia y abusos sexuales se convierte en superviviente, atraviesa un período de transición y el cambio es inminente. Puede ser difícil para los afectados colaterales porque este cambio requiere de mucha comprensión y consideración, tanto si se trata de un niño como de un adulto.

Para ser tu mejor aliado y serte fiel, tienes que saber y reconocer quién eres realmente. Pero también, quien eras. Verte antes de los abusos, en el momento en que suceden y después.

Analiza y observa a tu familia y a ti mismo, reconoce las dinámicas, quizás también los procesos inconscientes e intenta que los demás sean conscientes de ellos.

Tienes que entender la transferencia y la identificación con todo ello. La terapia puede ayudarte con todo este proceso (dando con el terapeuta adecuado para ti).

BUSCAR

También puede ocurrir que tu propio subconsciente te ponga palos en las ruedas. Puede que no te entiendas ni a ti mismo, que no entiendas por qué no puedes reaccionar ante cosas y situaciones de forma natural y racional. Intentas buscar soluciones rápidas, una salida, pero la presión exterior e interior es demasiado fuerte.

Es en esos momentos es cuando puede surgir el problema de la adicción. Todos somos adictos a algo, es humano. Buscamos el camino fácil de la represión y el olvido.

Pero tenemos que entender que el problema de la dependencia surge precisamente cuando nos quedamos atrapados en ese espiral y ya no podemos salir.

¿De dónde viene la palabra adicción y qué implica? La adicción viene de la búsqueda. Buscamos algo. Buscamos una salida, algo que nos haga felices durante un breve periodo de tiempo o que nos libere de los pensamientos crueles del pasado y de la realidad del presente.

En los últimos años también hemos atravesado, de forma totalmente repentina e involuntaria, la pandemia del Coronavirus (COVID-19) y estamos viviendo sus efectos. Quiero hacer un breve apunte y es que el abuso sexual dentro de la familia ha aumentado desde la pandemia, y eso que sólo estaremos viendo la punta del iceberg.

Estamos solos, nos sentimos solos y aislados. Es lógico que las drogas (incluida la legal, que es el alcohol) se consuman cada vez más.

La adicción puede manifestarse de distintas formas. Por supuesto están las drogas duras y el alcohol, pero también las compras, el sexo, internet, la pornografía o la comida, entre otros, puede convertirse en adicción.

Castigarse por ser adicto a algo es un acto contraproducente que perpetúa el mismo patrón de siempre: el castigo (solo que ahora te lo infliges tú mismo); y también la vergüenza. Esto te conduce al aislamiento.

Es importante realizarse las siguientes preguntas: ¿Cómo se produce la adicción, primero a un comportamiento adictivo y más tarde a una presión adictiva? ¿Cómo se sale de ella?

Encuentras algo que parece hacerte feliz durante un breve periodo de tiempo. Estás colocado, te evades, te olvidas de todo por un momento. Siempre querrás revivir el "primer momento" que te produjo el subidón inicial. Llega un punto en el que ya no basta con una copa, con un porro o con una pastilla. El cuerpo se ha acostumbrado y necesita más. Muchas personas caen rápidamente en la dependencia sin darse cuenta. Admitir que uno tiene un problema con el alcohol o las drogas, es otra historia, que también está manchada con la vergüenza. Y como ya hemos visto, esto conduce al aislamiento.

Un círculo vicioso que ya conoces bien por el abuso.

Llevo mucho tiempo reflexionando sobre mis propias adicciones. La terapia y los grupos de AA u otros grupos de apoyo, son muy importantes si tienes algún problema con las drogas. Es normal cometer el error, y a mí me pasó, de pensar que uno mismo puede resolver el problema causado por el abuso y el consumo de drogas. A eso era a lo que estaba acostumbrado, ¡a solucionarlo todo yo solo! Esto me funcionó hasta cierto punto, pero no fue hasta que comencé con la terapia o a relacionarme con otras personas que atravesaban por lo mismo, que me di cuenta de lo que era realmente importante en todo este proceso. Ir por libre también requiere mucho tiempo y además conlleva el riesgo de mentirse a uno mismo.

Personalmente, tardé mucho tiempo en darme cuenta de que tenía un problema. Pasaba el día a día, ganaba dinero, y de vez en cuando quería olvidarme de todo... No podía ser tan malo. Pero en las reuniones de AA me di cuenta de que no estaba siendo sincero conmigo mismo.

Llegados a este punto, quiero hablar de un determinado comportamiento, un proceso que se prolongó inconscientemente durante años y que fue causado por los malos tratos.

Solapamiento de niveles

A veces ocurre algo en nuestro interior que yo llamo superposición de niveles. Cuando eso ocurre, se hace difícil diferenciarlos y encontrar una salida, porque ya hemos caído en una trampa sin darnos cuenta.

Al principio de este libro prometí ser sincero.

<u>Nota del autor:</u>

La honestidad también significa ser vulnerable. La vulnerabilidad es algo positivo, porque conectas contigo mismo, con tu dolor, con tus sentimientos y puedes compartirlos. La vergüenza y el consiguiente aislamiento, ya no deben ser los factores que determinen tu vida y tus acciones.
Elige la honestidad contigo mismo y con los demás, la franqueza y la comunicación.

Me gustaría explicarlo con un ejemplo personal. Mi padre falleció en octubre de 2015. Fui a su funeral, aunque llevábamos sin estar en contacto desde 2013.
No quería escucharme, no quería un hijo, no quería una confrontación. No quería enfrentarse a mí y a su historia. Quería su (supuesta) paz.
A mí me dolía que me ignorara, que no me

escuchara. En un momento dado me di cuenta y acepté que mi padre nunca cambiaría. Dejé de exigirle algo que nunca daría porque no podía. Sabía que yo era una amenaza para su supuesta paz, para la burbuja en la que vivía. Le dejé ir.

Mi mente y mi corazón le dejaron marchar. Mi subconsciente, sin darse cuenta, le siguió siendo fiel.

Seguía teniendo, escondida en lo más profundo de mí, una parte que buscaba su amor y su aprobación.

Yo seguía siendo "adicto" a su reconocimiento. De no haber sido mi padre, no habría buscado el contacto con ese hombre, ni con sus actitudes ni puntos de vista. Pero fue demasiado y desde luego marcó mi primera infancia que tanto nos marca a todos.

Sentí alivio tras su muerte. Por fin era libre, ¡pensé!

Sin embargo, no estaba teniendo en cuenta a mi subconsciente.

Unos meses después de la muerte de mi padre, tras mucho tiempo, conocí a un hombre que me interesó, llamémosle Lukas. Era febrero de 2016 y llevaba unos años soltero. En cuanto a las relaciones, seguía cayendo en las viejas trampas. Siempre daba a mis parejas lo que yo mismo necesitaba, pero nunca lo recibía a cambio. Con los años, reconocí mi patrón de padre ausente, luchando por buscar su reconocimiento y dejé de buscar activamente una relación.

Lukas tenía unos treinta años, era inteligente, guapo y

encantador. Estudiaba pedagogía social, una segunda oportunidad en la educación. Era un niño quemado, como yo. También ignorado por su padre. Se acercó a mí y nos enamoramos. Por primera vez estaba realmente interesado sexualmente, disfrutaba de la intimidad. Pero yo vivía en EE.UU. y Lukas en Berlín.

En mayo, el testamento de mi padre se hizo público. Me había desheredado. Fue un duro golpe. Había hecho el testamento hacía veinte años, cuando le conté lo de mis abusos. Nunca lo llegó a cambiar.

Volví a sentirme como un niño marginado y herido, como un perdedor sin amor.

El abogado leyó el testamento y Lukas, unos días después, me dijo que me quería. Me olvidé de todo lo demás. Tenía frente a mí un hombre que me estaba diciendo lo que yo siempre había querido oír de boca de mi padre. Pero ya no era un niño y Lukas no era mi padre. Por desgracia, en aquel momento no lo supe ver.

¿Sabías que cuando observas una circunstancia desde fuera, como observador, puedes detectar claramente el problema? Sin embargo, cuando te afecta a ti, es como si tuvieras una venda. Te quedas atrapado en el pasado y en los mecanismos y estructuras de comportamiento asociados, y no te das cuenta de ello.

A mí me pasó esto mismo.

Los meses siguientes se convirtieron en un infierno. No sólo para mí, sino también para Lukas. Quería vivir esa historia de amor, todo el tiempo, para siempre. Así que me subí a un avión destino a Berlín. Quería tener lo que no tuve de pequeño. Por desgracia, no me di cuenta de que Lukas no sólo estaba abrumado con su propia historia, sino claramente también por la mía. Porque, por supuesto, él tenía sus propios problemas. Al fin y al cabo, era una persona diferente a mí.

De lo que todavía no me había dado cuenta era de que también era un sociópata.

Se distanció. Yo no.

¿Conoces alguna situación así? ¿Te preguntas por qué tu relación no funciona a pesar de que lo das todo y sabes que eres bueno para la otra persona? (Aunque también deberías preguntarte si la otra persona es buena para ti).

Tardé nueve meses en comprender lo que estaba pasando. Esta experiencia fue tan profunda y me llevó tan al límite de mi propia comprensión y dolor, que comencé a beber.

Nunca había bebido. El alcohol no me iba mucho. Y, sin embargo, en el transcurso de dos meses, bebí alcohol todos los días, fumaba un paquete de cigarrillos diario y no podía dormir. Todo me dolía. El corazón, el cerebro... ¡No quería sentir mi dolor! Sabía que lo que hacía era autodestructivo, pero lo hice de todos modos.

No podía controlarme porque no sabía por qué lo hacía. En ese momento estaba indefenso. Y de repente volví a sentir esa presión adictiva. No había pensado en el "tercer nivel".

Te preguntarás: ¿Qué sentido tiene eso ahora?

Yo tampoco lo había tenido en consideración. Pensaba que me tenía a mí mismo y a mis comportamientos inconscientes porque los llevaba analizando durante años. No había tenido en cuenta que los niveles se solapan y que volvemos a patrones de comportamiento muy tempranos que al principio no entendemos (porque no podemos entender).

En aquella época estaba completamente desconectado. Mis amigos no me reconocían. Lo hacía todo para estar con Lukas, para complacerle. Cuanto más lo hacía, más rápido corría él en dirección contraria. Le exigía demasiado, porque proyectaba todos mis deseos en él. Eso tenía mucho que ver conmigo, pero nada con él.

Era como una fórmula matemática. El padre muere (A) y te escupe desde la tumba (desheredado). Llega otro hombre y te promete amor (B). A y B se superponen, se convierten en C. Pero A y B siguen existiendo, solo que tú no te das cuenta, crees que es C y proyectas todos tus deseos (los conscientes y los inconscientes) sobre el supuesto objeto de tu deseo.

Había convertido a Lukas en mi padre sin quererlo, sin darme cuenta. Quería algo de alguien que no podía darme lo que necesitaba.

Entonces, en algún momento, soporté el dolor, salí de

casa y rompí aquella relación tóxica que yo mismo mantenía viva. Siempre me liberé de mi adicción o presión adictiva, solo, sin ayuda. Rara vez hablaba de ello, por vergüenza. Hoy sé lo importante que es compartirlo, y saber que otros sienten lo mismo.

En ese momento me di cuenta de que, después de nueve meses, no necesitaba ni alcohol, ni cigarrillos, ni a Lukas.

Había caído en la trampa del tercer nivel durante un tiempo, y eso, por desgracia, le ocurre a mucha gente, no solo a los supervivientes de abusos sexuales.

Nota del autor:

Observa tus relaciones. ¿Qué papel estás cumpliendo en ellas? ¿Es bueno para ti? ¿Qué función cumple esta relación para ti? ¿Y para la otra persona?

No te rindas a un "amor", a una relación unilateral, destructiva o contraproducente. No te escudes en que no depende de ti.

Esto no tiene nada que ver con el amor, sino con los viejos patrones a los que servimos y con el tercer nivel. O quizás tiene que ver con tu ego. Tu ego clama por atención, amor y cuidados y le gusta olvidar que tu contraparte es una persona independiente y que proyectas expectativas y deseos en él o ella.

¿Por qué las drogas y los abusos sexuales están tan estrechamente relacionados?

En el año 2000 empecé un nuevo proyecto fotográfico en Hamburgo. Mi amiga Brigitte Göpel-Reinhardt trabajaba entonces para Subway E.V. Esta asociación sin ánimo de lucro se ocupaba de los drogadictos del centro de Hamburgo. A veces había hasta 200 clientes que consumían principalmente heroína o su sustituto, metadona y buscaban ayuda en Subway.

Fotografiamos a 25 hombres y mujeres de entre 16 y 65 años en el transcurso de dos semanas. Creamos un hogar durante ese tiempo, muchos clientes venían todos los días, incluso si no les íbamos a fotografiar. En otros casos, me llevó más tiempo ganarme su confianza para que se abrieran y estuvieran cómodos ante la cámara.

En aquel momento sólo llevaba tres años dedicándome profesionalmente a la fotografía, pero aprendí uno de los principios más importantes de la profesión: sólo fotografiar a quien me lo permita.

Muchas de aquellas personas eran víctimas de violencia doméstica y sexual, habían sido abusados. Podía sentir cada vez que tenía una víctima frente a mi cámara. De igual modo, ellos sentían que yo también fui víctima de lo mismo y que también había pasado por el mundo de la droga. Nos reconocíamos.

Fue el trabajo más agotador que he hecho nunca, pero aprendí muchísimo durante ese período de tiempo.

El proyecto se llamó "*No time for vanity*" (Sin tiempo para la vanidad). Cuatro años más tarde, la exposición fue patrocinada por el Ministerio de Transportes de Berlín y el entonces ministro, Dr. Manfred Stolpe, se convirtió en el mecenas oficial del proyecto, que pasó a llamarse "*TRAFFIC*". Traffic es también una expresión para referirse al tráfico de drogas. La exposición se exhibió durante los años siguientes en muchas ciudades alemanas, llegando también a Nueva York, Chipre y por último, al Ayuntamiento Rojo de Berlín.

Mi perro pavloviano

Ya había atravesado mis propias experiencias con las drogas en Nueva York, en los años noventa.

En mi novela autobiográfica *Katharsis*, el fotógrafo Max Remark es mi alter ego. "Yo no soy Max, pero le conozco bien", escribí entonces en el epílogo.

En el personaje de Max, intenté reflejar mis propias experiencias con las drogas. Cualquiera que haya leído el libro sabe lo que las drogas, especialmente la cocaína, significan para Max. Fueron su vía de escape, su "alejamiento", su analgésico, su anestesia para evitar enfrentarse a lo que llevaba muy adentro, su historia de abuso sexual.

Mi realidad fue algo diferente. Nunca consumí drogas hasta que cumplí los 32 años. El alcohol no era lo mío, me recordaba demasiado a mi padre, que se bebía dos o tres botellines de cerveza cada noche, y aún más los fines de semana. Tenía asociado el alcohol a algo negativo. Estaba negativamente "condicionado", como el perro de Pavlov.

Para quienes no estén familiarizados con este término, conviene explicar brevemente que se refiere a un experimento empírico del investigador ruso Ivan P. Pavlov. Quería estudiar el "condicionamiento" clásico. Asociamos determinados estímulos y señales con algo que nos ocurre/puede ocurrirnos. Las señales desencadenan por sí solas sentimientos, reacciones y reflejos.

Por mi 32 cumpleaños, fui a una gran fiesta en Nueva York, se llamaba "Roseland". Un amigo me dijo: "Como ya eres mayorcito toma un poco de éxtasis".

Y yo obedecí, estúpidamente. No sabía lo que estaba dejando entrar en mi cuerpo y en mi cerebro. Casi me mata. Después de dos horas, mi cuerpo se puso en huelga y tuve un colapso circulatorio.

Así que me mantuve alejado del éxtasis, la droga de las fiestas, también conocida como "Molly". Gracias a Dios, fumar hierba me cansaba, le tenía demasiado respeto a las agujas y no me interesaban otras drogas.

En aquella época, circulaba de todo en Nueva York y en el ambiente de la moda y las fiestas, también me ofrecían siempre algo. Al principio lo declinaba con agradecimiento. Una vez me metí coca en un desfile de moda, pero solo logré alterarme y ponerme de los nervios.

Tuve un grave accidente a mediados de los noventa. Me afectó sobre todo al brazo derecho. Se me salieron algunos huesos, me tuvieron que operar y me metieron placas de acero; tardé casi nueve meses en volver a recuperar la forma. Fue una época difícil, perdí 10 kilos y volví a tener un hambre voraz, como en la adolescencia. Me sentía débil y poco atractivo y pasaba mucho tiempo en casa. Sentía vergüenza y aislamiento. Eran cosas que conocía bien. En un momento dado, un amigo me llevó a rastras a un bar y conocí a un grupo que consumía cocaína habitualmente. Me dejé llevar por la presión del grupo, mi autoestima era prácticamente inexistente debido al accidente. La droga cambió algo en mí. Me estimuló sexualmente. Un hombre mucho mayor que yo me sedujo y tuve sexo desenfrenado aquella noche, olvidándome del brazo, de mi cuerpo, de mis complejos, de mis abusos, de todo. Al día siguiente solo tuve una ligera resaca, eso fue todo. ¡Con solo esnifar una vez había sido suficiente!

Fue el principio del fin. Había abierto la caja de Pandora. Por fin podía dejarme llevar y vivir mis fantasías sexuales. Creí formar una conexión con los numerosos contactos sexuales que siguieron. Pero me equivocaba. Estaba unido a la droga, no al que yacía a mi lado en la cama. Yo no era yo, sino un Michael cambiado por la droga. Sin embargo, pensaba que me había convertido en un hombre más libre sexualmente. Nada más lejos de la realidad.

El asunto cobró vida propia y llegó un momento en que ya no se trataba del fin de semana en una discoteca, sino que todo empezó a girar al propio consumo de la droga.

¿Por qué demonios caí en esa espiral? Pregunté a mi terapeuta, hablé con amigos en los que confiaba... Pero no conseguí encontrar ninguna solución. Me fui de Nueva York por poco tiempo. Si no sabía dónde conseguir la droga, sería libre. Tampoco las buscaba, simplemente era feliz cuando estaban fuera de mi alcance.

Resultaban un grillete, como algo de mi pasado que conocía muy bien, el abuso. La diferencia era que ahora no era una mujer la que abusaba de mí, sino yo mismo. Tampoco me di cuenta de la noche a la mañana.

Entonces, ¿cómo resolvemos este problema y dónde está enterrado el perro pavloviano?

Si averiguamos por qué consumimos drogas, qué asociamos con ellas y dónde está el origen, entonces podremos hacer algo al respecto y podremos alejarnos de la droga.

Ese es el primer paso. No quedarse atrapado en la pasividad y la ignorancia. Reconocer el momento del condicionamiento y luego captarlo emocionalmente. Para mí, era un patrón familiar de vergüenza y aislamiento, combinado con un supuesto desinhibidor durante el sexo. Y eso es exactamente lo que ocurrió veinte años después con Lukas. Las capas se superpusieron.

La droga me permitía, supuestamente, ser más libre sexualmente porque me conducía también al supuesto amor de una figura paterna. Por supuesto, esa libertad sexual era sólo una ilusión, fomentada por la patada que la cocaína daba a mi cerebro y que liberaba endorfinas por doquier. Adormecía una parte de mí.

Sin la droga, ese momento de supuesta intimidad sexual con una figura paterna sustituta, probablemente no habría existido.

Es importante reconocer el patrón. Si las drogas y la adicción son un problema para ti, lo primero que debes preguntarte es: ¿Cuándo fue la primera vez?

Por supuesto, las drogas son físicamente adictivas. El síndrome de abstinencia de la heroína es horroroso, tal y como cuentan los afectados. La cocaína sale del organismo al cabo de una semana, ¡pero la mente se queda atrapada en el síndrome de abstinencia! La metanfetamina cristalina, otra droga devastadora en todo el mundo, destruye rápidamente, sexualiza en extremo y es inmediatamente adictiva. Todo lo demás se vuelve irrelevante, sólo cuenta la droga.

Así que tenemos dos problemas. Uno es el hecho de que tu cuerpo es adicto. Esto afecta a los procesos bioquímicos. Pero pueden resolverse en rehabilitación y mediante la abstinencia.

Y luego está la adicción en tu cabeza. Esa fue, en mi caso, mucho peor, porque no la entendía. Está conectada a procesos que se ejecutan en el subconsciente y se solapan con otros acontecimientos de tu pasado. El cerebro tiene entonces dificultades para separar las distintas emociones. Los soldados con síndrome de estrés postraumático se ven muy a menudo afectados durante muchos años después. Solo en Estados Unidos, hasta seis mil soldados se suicidan cada año porque no pueden soportar más el estrés. Cada vez que consumía creía de verdad que podía "vencer" a la droga, es decir, a las consecuencias negativas. Era como Sísifo, empujando la roca montaña arriba y sin alcanzar nunca mi objetivo.

Por supuesto, en un momento dado fui consciente de que tenía un problema. No tenía TEPT inducido por la guerra, pero era un "consumidor trabajador", es decir, solo consumía en mi tiempo libre, nunca cuando tenía que trabajar, así que lo tenía "todo bajo control". Era mi (supuesto) placer privado. Nunca tuve síndrome de abstinencia. Simplemente dejé de hacerlo al irme de Nueva York. Realmente pensé que así podría resolver el problema. Lo que quedaba, por supuesto, era la presión de la adicción y la atracción de la droga. El perro pavloviano que había en mí seguía ladrando, aunque en el experimento solo babeaba.

Así que me di cuenta que cambiar de lugar de residencia no iba a ayudarme, como tampoco lo hace independizarse de adulto cuando intentas escapar de tu trauma, de tus abusos.

Fue en ese momento en el que me di cuenta de que ya no podía seguir mintiéndome.

La droga no tenía nada que ver con disfrutar del sexo. La droga no me liberaba de nada.

¡La droga era una continuación de mi abuso!

No me di cuenta de la noche a la mañana, todo

proceso psicológico lleva su tiempo. Pero cuanto más buscaba una solución, más me daba cuenta de que no podía seguir mintiéndome, ocultando mi consumo de cocaína.

Buscaba en el consumo algo que no existía. Ese primer momento de desinhibición lo tuve en Nueva York hace años, pero no tenía nada que ver con la realidad, porque parecía diferente.

Continué claramente con mi abuso mientras me coaccionaba y presionaba a mí mismo. Parece paradójico y autodestructivo, y es que lo es. Claramente. Eran comportamientos de los que sabía, e inconscientemente creía, que no podía liberarme, de los que no podía defenderme.

Y en mi caso personal, también sexualicé los abusos que había sufrido de pequeño. Dejé que otros abusaran de mí, incluso de joven. Luego me castigué haciéndome daño. Y cuando dejé esas prácticas, empecé a abusar de mí a través de las drogas. Así de arraigados estaban en mí los viejos patrones y creencias (inconscientes).

¿Por qué nos castigamos? ¿A caso no es pura autodestrucción?

Eso es exactamente lo que es. Es un acto autodestructivo que estás cometiendo contigo mismo, igual que el abuso del que fuiste víctima. Estás perpetuando algo que conoces. Un proceso irracional y contraproducente del que a menudo no nos damos cuenta.

Nota del autor:

Los recuerdos, la presión y la adicción, viven en nosotros hasta que:

A: Se encuentra la causa y el momento en el que conectamos con la droga (desencadenante) y sentimos

B: Que podemos afrontar el problema, lo que significa reconocer que tenemos un problema de adicción.

C: Por eso es tan importante reconocer cuándo tomas drogas y lo que significan para ti.

¡Con quién las tomas y qué te une a ellos!

Lo que provocan en ti.

Y qué tiene que ver todo eso con tus abusos.

La adicción y el abuso de sustancias siempre son para escapar de la confrontación con tu historia

¿Cuándo consumes drogas y/o alcohol? ¿En qué circunstancias?

¿Por qué te apartas, por qué crees que no eres lo bastante bueno si no consumes?

¿Por qué cedes al consumo de drogas, pensando que no puedes vivir sin ellas? ¿Quizás no admites que eres adicto?

¿Por qué bebes, consumes, fumas o te inyectas en el cuerpo una sustancia que te cambia durante un breve

periodo de tiempo pero que no te ofrece ninguna solución ni ningún cambio?

El cambio sólo puede venir de uno mismo.

D: ¡Tienes opciones!

Puedes liberarte de esa presión adictiva. Puedes liberarte de la adicción.

De corazón quiero recomendar los servicios que ofrece AA. Ya sea AA (alcohol), DA (drogas), CMA (Chrystal-Meth) u otros grupos, siempre tratan con problemas de adicción y de cómo escapar de ellos. Las reuniones tratan de hacerte sentir que no estás solo, que no eres culpable, que mucha gente se siente igual.

Yo mismo me sorprendía a menudo de cuántos supervivientes había en las reuniones a las que asistía. También era emocionalmente liberador estar solo, participar, escuchar y percibir. Aprendí mucho de los demás en aquellas reuniones, a través de su franqueza y honestidad; a través de la conexión emocional del grupo.

Muchos consumidores creen que mientras trabajen, funcionen y ganen dinero, no tienen ningún problema. Consumen drogas solo para "relajarse", y creen que siguen teniendo el control de sí mismos y de la droga. Se mienten.

Durante mucho tiempo tuve un gran problema para admitir que vivía bajo una presión adictiva todo el tiempo, igual que un alcohólico que no bebe.

Empezaba a salivar como un perro pavloviano cuando sabía que había drogas cerca.

Para mí, la verdadera liberación llegó cuando me di cuenta de lo que había debajo del condicionamiento. Cuando me di cuenta de que podía elegir.

No tengo que reaccionar inmediatamente a la presión adictiva. La noto, la oigo, la respeto. Y es entonces cuando se me presenta la oportunidad de posicionarme en contra, porque sé exactamente lo que ocurrirá al día siguiente. Y que la intoxicación es un engaño y un alejamiento del verdadero problema.

A esto se añade el hecho de que me estaría mintiendo a mí mismo y abusando de mí, si reaccionara a la primera fase de presión. Y que la supuesta realización que obtengo con la droga, no tiene nada que ver conmigo.

Me siento mejor cuando soy plenamente consciente, sin confusiones ni filtros. Y sé que entonces soy honesto conmigo mismo y con los demás y puedo sentir todo mi potencial y vivir con autenticidad.

¿Qué pasa cuando eres un "afectado colateral", y tratas con un superviviente que consume drogas?

No se puede cambiar a alguien, ni apartarlo de las drogas. No puedes hacerlo ni siquiera con mucho amor o comprensión.

Especialmente si tienes un hijo traumatizado que probó las drogas en la adolescencia o que ya lleva consumiendo mucho tiempo; tienes que entender que no hay síndrome de abstinencia fácil. La ayuda profesional, como la terapia y la abstinencia bajo supervisión médica, es importante y necesaria para dejar el consumo de drogas duras. Tú puedes apoyarle durante todo el proceso, estar ahí, no juzgar.

No te conviertas en codependiente; desgraciadamente esto les ocurre a muchos que "sin saberlo", apoyan a un consumidor/dependiente.

Si tienes un hijo, fíjate bien por qué puede estar consumiendo a una edad tan temprana. Luego intervén de forma firme y orientadora como padre o madre. Ofrécele tu ayuda (para un grupo o terapia).

La comprensión y el amor son importantes, ¡esenciales! Y deberían ser la base de tu marco emocional en tu comunicación con alguien que ha sufrido abusos y luego consume drogas como consecuencia.

Respira. Inspira y espira. Reconsidera y procesa lo que has leído hasta ahora.

6. *¡PUEDES TOMAR DECISIONES POR TI MISMO!*

A estas alturas ya habrás comprendido muchas cosas a un nivel puramente racional, pero pasar a un nivel emocional es otra cosa. Quizá te estén sorprendiendo tus propias reacciones emocionales. Cada persona reacciona de forma diferente a lo que lee. También depende de lo que hayas aprendido hasta ahora como superviviente o afectado secundario. No te presiones, no tienes que hacer nada en estos momentos, pero puedes hacerlo si quieres y si estás preparado.

También habrá quien se sienta abrumado por todo el asunto (de momento). Eso también es comprensible y normal.

Puede que en este libro haya nuevas ideas y elementos de reflexión en los que aún no habías pensado.

Nota del autor:

Ahora puedes cambiar de perspectiva, porque de eso trata esta lectura.

Nuevas ideas, cambiar las viejas estructuras de poder y de comportamiento dentro de ti, abandonar viejos caminos conocidos. Esto puede parecer amenazador al principio, pero no lo es.

Simplemente es nuevo, no lo evalúes desde tus patrones familiares, porque entonces volverás a caer en las trampas conocidas y te limitarás a ti mismo y a tu desarrollo.

No juzgues nada al principio, sobre todo a ti mismo. No juzgues ni evalúes todo lo que hiciste "mal" en el pasado. Es más importante analizar por qué actuaste como lo hiciste y si fue realmente bueno para ti. Y si hoy lo harías del mismo modo o querrías cambiar algo.

Un amigo mío, también un superviviente, me dijo hace poco: "A menudo sigo comportándome sexualmente como un niño. Es horrible".

Esta afirmación tiene dos aspectos importantes. En primer lugar, que su comportamiento en el ámbito sexual, desde hace décadas, está moldeado por el abuso. Esto nos muestra cuánto poder, incluso cuando somos adultos, otorgamos al abuso y también, posiblemente, al agresor.

En segundo lugar, la afirmación: "¡Es horrible!" Esta afirmación implica una crítica del propio comportamiento.

La actitud de mi amigo está condicionada por el abuso y por aferrarse a sus viejas estructuras y mecanismos. Soy dependiente, soy impotente, no puedo cambiar, soy débil, me avergüenzo.

Repite una y otra vez sus propios abusos en la

supuesta creencia de que es la única forma de poder (experimentar) la sexualidad.

Y es precisamente tomando conciencia de todo esto, cuando las posibilidades cambian.

<u>Nota del autor:</u>

Si sabes lo que te ha pasado y qué efectos ha tenido en tu vida y en tu comportamiento (sexual) durante un largo periodo de tiempo, intenta averiguar por qué sigues aferrado a los viejos patrones.

Ya puedes cambiarlos.

¿A qué limitaciones te sometes en el ámbito sexual?

Fíjate bien, sé sincero contigo mismo. Repetir el abuso de forma diferente es un patrón de comportamiento conocido de los supervivientes.

Quizás, como supervivientes, hemos experimentado una sexualidad no deseada en la primera infancia, con agresiones, violencia, estando a merced de otros y posiblemente amenazas de muerte. Por ello resulta difícil tener una relación relajada y autodeterminada con la sexualidad y el erotismo. Por otro lado, existe la posibilidad de que sexualicemos y perpetuemos estas experiencias.

Evasión

Tal vez te sientas incómodo con ciertas ideas y pensamientos que estoy abordando y sientas una resistencia en tu interior. No quieres pensar en ello. Tal vez han resurgido en tu mente momentos e imágenes que no habías podido recordar desde hacía mucho tiempo. Aparecen sentimientos. Te pones a la defensiva, sientes rabia, incertidumbre sobre cómo afrontar todo esto ahora. Tal vez quieras tirar este libro a un rincón y no quieras seguir leyendo. Te invade el cansancio, prefieres pasar la aspiradora, ir a tomar una copa, pegarte un tiro o fregar los platos.

Si te sientes así, no sigas leyendo. Para ahora.

A esto se le llama *evasión*. Es humano y comprensible. ¡Ocurre! Lidiar con esto emocionalmente es extremadamente agotador. Requiere mucha fuerza. Necesitarás mucho descanso, tiempo y pausas.

Lo mejor es que primero respires y luego tomes una decisión que no esté determinada desde fuera o por viejas compulsiones y prohibiciones. Tal vez tengas pensamientos depresivos de que todo lo que has vivido nunca se detendrá dentro de ti, seguirá haciendo estragos en tu interior. Que nunca te liberarás del pasado y de tus experiencias traumáticas.

Si eres un "afectado secundario", alguien que quiere

entender y ayudar, pero primero tendrás que digerir lo que has leído. Es mucha información nueva que tienes que procesar cognitiva y, sobre todo, emocionalmente.

Todas estas son reacciones comprensibles y normales ante lo que estás viviendo. En el camino de procesar tu trauma, a toda la violencia sexual que ejercieron sobre ti. Este esfuerzo emocional también se aplica a los afectados colaterales.

Permanece contigo mismo y observa tus reacciones muy de cerca. En este punto, sobre todo, debemos ser honestos con nosotros mismos.

A menudo encontramos en nosotros mismos una excusa o explicación para evitar las cosas, por eso es tan importante reconocer a qué voces de nuestra cabeza podemos creer. Reconocer cómo nos manipulan desde fuera y también desde dentro, desde nosotros mismos.

Te enfrentas a un tema que por algo se llama tabú. Como has sufrido abusos y agresiones sexuales, el tema suele estar rodeado de silencio, la mayoría de la gente lo intenta evitar. Durante mucho tiempo, no podías esperar ninguna ayuda del exterior, pero esto está cambiando lentamente en los últimos años, especialmente debido al movimiento "*Me Too*".

Ya he mencionado que, desgraciadamente, la Iglesia institucionalizada y la situación política/jurídica, son contraproducentes y/o indiferentes a la eliminación de estos tabúes. La Iglesia lleva pagados hasta el momento tres mil millones de dólares en indemnizaciones a las mujeres y hombres supervivientes de abusos sexuales cometidos por sacerdotes y probablemente también por monjas (¡Tabú dentro de un tabú, dentro de otro tabú!).

Tres mil millones de dólares.

Esta enorme suma podría haberse invertido en prevención y protección. Pero la Iglesia Católica oculta los numerosos casos, protege a los autores y apenas realiza una labor educativa o preventiva. Y si lo hace, es sólo bajo presión pública. Los sacerdotes no rinden cuentas ni son enviados a terapia. En la mayoría de los casos sólo se les traslada y rara vez se les lleva ante los tribunales. A las monjas ni siquiera se las tiene en cuenta.

La ley, el gobierno y la política en los países occidentales, reaccionan con demasiada lentitud y cautela.

El maltrato era una simple falta en Alemania hasta 2021. ¡No era un delito! Era un llamado "pecadillo".

¡Inconcebible!

Muchas sentencias de los tribunales han dictado siempre libertad condicional. Los malos tratos siguen prescribiendo a los veinte años. En este punto hay que decir que la prescripción sigue siendo algo complejo. Puedes abordar este tema en internet.

Otros delitos como la evasión fiscal y el asesinato, no

prescriben. En este punto hay que dejar bien claro que los abusos nunca prescriben para los afectados. Las consecuencias de los abusos sexuales son para toda la vida y acompañan a las víctimas, les condicionan a ellos y a sus decisiones.

Otros organismos, y grupos religiosos, tampoco suelen abordar estas cuestiones.

No importa a qué "minoría" o "grupo marginal" pertenezcas: no encontrarás a muchos que te escuchen, especialmente entre los grupos y modos de vida reaccionarios o conservadores, donde palabras como feminismo, homosexualidad y abuso sexual no aparecen o no se discuten.

Por desgracia, los efectos de los abusos sexuales en el conjunto de la sociedad apenas siguen sin mencionarse aún hoy. En cada clase de colegios en Alemania hay dos niños que han sufrido abusos sexuales. De cada 30 alemanes, uno ha estado en contacto con el tema de alguna forma (directa o indirectamente). A menudo se ignoran los círculos que dibuja el abuso. No se trata sólo de las familias, escuelas, deportes y otros clubes. Cuando tantas personas sufren abusos y su comportamiento (sexual) se basa en estructuras de abuso y en una imagen negativa de sí mismos, en la pasividad o en una agresión subliminal permanente, estamos ante un gran problema. Esto tampoco se ha abordado lo suficiente ni con la amplitud necesaria hasta el momento.

¡Huir, congelarse o luchar!

Si estás enfadado o triste, es una reacción normal.

Presionarte sería una reacción normal, de sobra conocida por ti, pero en ningún caso beneficiosa.

No renuncies a tu propia responsabilidad en estos momentos reaccionando con viejos comportamientos y pensando: *Todo es en vano. ¿Qué sentido tiene? Ya conozco este infierno. Al menos tengo mi propia forma de evitarlo. ¡Pero nunca podré salir de aquí!*

¡Puedes sí puedes salir de ahí! ¡Saldrás de ahí!

Recuerda que los sentimientos y las experiencias se almacenan en nuestro cuerpo y recuerdan patrones y reacciones familiares. Peter Levin ha denominado a esto *experiencia somática*. Siempre hay tres formas diferentes de reaccionar ante situaciones de estrés traumático.

Escapar. Congelarse. O luchar. ¿Cuál elegirás ahora conscientemente?

Por supuesto, recordarás muchos acontecimientos traumáticos a medida que leas esto. ¿Estás solo en esto, o tienes a alguien en quien confíes y con quien puedas hablar? ¿Un amigo, un familiar, un terapeuta?

Nota del autor:

No te guardes la experiencia, comunica tus

sentimientos. Y si no hay nadie a tu lado en ese momento, escribe lo que sientes. Eso también ayuda.

¿Cómo reaccionas ante lo que has vivido hasta ahora? ¿Te paralizas interiormente porque te abruma? ¿Sigues reprimiendo la verdad que sientes dentro de ti a pesar de toda la resistencia?

¿O vas a luchar, vas a seguir enfrentándote consciente y constructivamente a ti mismo y a tu historia?

Observa con atención tu primera reacción. Es importante porque te muestra un patrón de comportamiento conocido que puedes cambiar ahora que eres consciente de ello.

Todo lo que has leído y aprendido hasta ahora ya está en tu conciencia y puede ayudarte a tomar nuevas decisiones constructivas que serán productivas y buenas para ti. Si tu primera reacción no es buena para ti, entonces tienes la libertad de tomar una decisión que sea buena para ti. No tiene por qué ser buena para los que te rodean, pero tienen que acostumbrarse al cambio, porque no puedes permanecer siempre igual que estabas.

Ya no te dejarás manipular ni controlar por los demás.

Funciona de forma similar a la presión adictiva. El primer impulso es la conocida reacción desencadenada en la que, como el perro de Pavlov, tu reacción condicionada es lo primero que te viene a la mente. Ya no debes utilizar esta reacción, pero puedes encontrar y utilizar alternativas constructivas para ti.

No tienes por qué tener miedo. Eres más fuerte de lo que crees. Si yo pude recorrer ese camino, tú también puedes. Confía en tu fuerza. Has llegado hasta aquí, has sobrevivido a todo.

Tienes la fuerza y la voluntad. Aún tienes este libro en tus manos.

Estoy convencido de que todos poseemos este poder. Todos y cada uno de nosotros. Pero tenemos que aprender a reconocerlo y luego decidir sentirlo y utilizarlo.

No te quedarás atascado. Puede que te detengas por un momento, pero eso es bueno, porque entonces te das espacio y tiempo para clasificar lo que has experimentado y puedes seguir adelante a partir de ahí.

<u>Nota del autor:</u>

Tienes la oportunidad de cambiar aquí y ahora.

Hay verdades muy simples y profundas. Eso incluye: "Estar aquí ahora".

Hazte realmente consciente de este momento, incluso si no te sientes bien.

Ahora, hoy, aquí puedes cambiar tu mentalidad, tu actitud y, por tanto, tu comportamiento.

Y entonces puede surgir la conciencia para procesar la experiencia.

Libérate de la rigidez, pasa de ser un fugitivo a un luchador. Un luchador es activo y defiende sus intereses. Tómate tu tiempo para que el luchador pueda desarrollar plenamente su poder, paso a paso.

He tenido experiencias similares en otras relaciones después de Lukas y he vuelto a caer en viejas trampas. No sólo en las relaciones amorosas, sino también en las nuevas amistades. Pero reconocí el patrón relativamente rápido, no tardé meses. Al principio me daba cuenta pasados unos días, y ahora, tras una sola conversación con otra persona, a menudo puedo saber si me conviene o no, si estoy reaccionando de nuevo a un viejo patrón.

En las viejas series americanas, los policías todavía llevaban en el coche una sirena, una luz roja de advertencia, que estaba sujeta a un cable y que colocaban en el techo del coche cuando comenzaba un aviso. Pues algo así como esa sirena, como una luz de alarma, se enciende en mí cuando siento en mi interior que una persona o una situación no es buena para mí, que estoy cayendo en viejos patrones, o que estoy renunciando a la autorresponsabilidad y al autoconocimiento.

Vampiros psíquicos

Hay mucha gente demasiado egocéntrica, y no me refiero al narcisismo tan extendido, cuyo caldo de cultivo son las redes sociales, hablo de los denominados "vampiros pesíquicos".

Oí este término por primera vez con treinta y tantos. Lo menciono aquí para que tengas más claro lo largo que puede ser un proceso de toma de conciencia y curación.

Existe gente que te exprime y sólo quiere confirmación de ti. Sólo necesitan una cosa: Atención. No quieren intercambios, ni consejos, ni amistad.

Los vampiros psíquicos no siempre son fáciles de reconocer. Te adormecen, tejen su telaraña, quizás te adormecen con una falsa sensación de seguridad. A menudo se encuentran entre los perpetradores, al igual que los sociópatas que no sienten (no pueden sentir) empatía por sus "víctimas". Es importante reconocerlos.

No puedes decirles a tus amigos lo que tienen que decir, no siempre tienes que estar de acuerdo. No tienes que subordinarte en las relaciones y amistades por miedo a dejar de ser querido. Un verdadero amigo podrá soportarlo, escuchar tus críticas, ver tu situación, aceptar tu punto de vista. Puede haber discusiones, pero un verdadero amigo permanece. En este punto, esto es especialmente cierto para los afectados secundarios.

Si decides comprometerte con un superviviente de abusos sexuales para acompañarle en su viaje, debes saber que esta persona está necesitada, por naturaleza. Esto se debe a que ha estado atrapada en el aislamiento durante mucho tiempo. Ya se trate de un niño o de un adulto.

Si eres familiar o amigo de un superviviente adulto, te enfrentas a una situación más compleja.

¿Cuánto tiempo lleva guardando silencio el/la superviviente? ¿Cómo fue el abuso? ¿Cuánto duró? ¿Quién era el agresor? No podrás curar a la persona, pero puedes apoyar, ayudar, acompañar, llevar...

No eres responsable del superviviente. Este falso sentido de la responsabilidad puede convertirse en una trampa, una sobrecarga, una presión que puede que no llegues a soportar. La amistad o el amor no sustituyen a la terapia ni al propio trabajo del superviviente. Sin duda es importante y una gran ayuda para todo superviviente. Pero incluso entre los acompañantes, puede haber vampiros psicológicos si no se tiene cuidado, porque el abuso realmente carcome, y con los años, las necesidades se hacen demasiado grandes.

Tanto la persona afectada como los acompañantes deben tener siempre la posibilidad de ser sinceros consigo mismos y con la otra persona. Ser capaces de decir *basta* cuando pueda ser demasiado. No significa que tengas que cuestionar la amistad o la relación, sino que debes dar espacio a la otra persona y a ti mismo.

Es necesario un tiempo para procesar lo que hemos vivido y experimentado juntos.

El saboteador interior

Presta atención cuando notes que tu "saboteador interior" quiera tomar la delantera.

El saboteador interior seguirá intentando convencerte de que no puedes hacer algo, de que no eres lo bastante bueno, de que nunca lo conseguirás.

Pero sólo tiene tanto poder como tú le otorgues. No tienes que cedérselo, porque al final no es más que una voz negativa interior que no trae nada bueno para ti. Sólo quiere controlarte, impedir que pongas en práctica lo que has aprendido hasta ahora.

El saboteador interior es una amalgama de todas las voces negativas interiorizadas de tu pasado y puede crecer constantemente si sigues renunciando a la responsabilidad personal y permites el control externo.

Si nunca habías oído hablar de este saboteador interior, ahora puedes poner nombre a este proceso que seguramente has experimentado. A partir de ahora podrás reconocerlo.

Intentará sugerirte que es tu propia voz y no la suya la que habla, pero no es así. El saboteador interior es solo una voz interiorizada que te transmite mandamientos y normas transferidos desde el exterior en algún momento. A partir de ahora tienes la oportunidad de decidir por ti mismo, aunque vaya en contra de lo que dice. Descubrirás fácilmente si es tu saboteador interior el que te está hablando, porque será restrictivo, negativo, dominante y absoluto. Te hará sentir culpable, incompetente y fracasado. Querrá mantener el control de tu vida a toda costa.

Al igual que yo caí en sus redes y pude deshacerme de él, no le cedas tu poder.

<u>Nota del autor:</u>

Has llegado hasta aquí y ahora, a un momento maravilloso y sanador en tu camino. Puedes reconocer que eres tú quien mueve los hilos, que tú, y sólo tú, puedes decidir y decidirás lo que sucede a continuación. A partir de ahora puedes controlar al saboteador. Y eso empieza contigo asumiendo la responsabilidad por ti mismo, cogiendo de la mano a tu alma herida y a tu niño interior lastimado.

Quizá no de la noche a la mañana, pero con el tiempo podrás y lo harás. Es un proceso de aprendizaje que puedes entrenar.

Se te permite ver a través de sus mecanismos y estructuras, comprometerte con sugerencias y probar cosas nuevas.

Yo también conozco muy bien a mi saboteador interior, nos conocemos desde hace más de medio siglo; lo implantaron en mi cerebro infantil a una edad muy temprana. Es astuto y a menudo viene disfrazado de consejos, supuestamente bienintencionados. Pero, por supuesto, siempre vuelve a la culpa y a la dominación. Y esas son dos cosas que ya no acepto en mi vida.

Puedes decidir por ti mismo lo que ocurre a continuación. Tú. Nadie más.

También es una simple verdad en la que no siempre has confiado. Y eso no tiene necesariamente nada que ver contigo, sino con el mundo en el que vives, las condiciones externas.

Lo que nos lleva a otro punto importante: Tu vida profesional.

Ejemplo de transferencia a la vida profesional

Es importante que prestes atención a cómo te dejas tratar a partir de ahora y cómo actúas tú.

¿Cuál es tu motivación, cuál es tu catalizador?

¿Tienes un jefe que no te respeta?

¿Estás en una posición profesional en la que te sientes invisible o poco valorado?

¿Demuestras realmente lo que sabes hacer en tu trabajo y comunicas tus habilidades a tus compañeros y/o superiores?

¿Te dejas tratar "mal" porque en el fondo sigues pensando que no eres lo suficientemente bueno, que no "mereces" algo mejor?

En el trabajo también suelen colarse viejos patrones. Esto se refleja en el lenguaje y la forma de utilizarlo. Presta especial atención cuando hables contigo mismo. Utiliza el lenguaje de forma positiva.

La comunicación interior es algo natural y que le ocurre a todo el mundo. ¿Te "regañas" a ti mismo y utilizas expresiones negativas? ("Típico", "Estaba claro que esto volvería a salir mal", "Siempre lo hago todo mal").

No "siempre" se hace "todo" mal, y tampoco está claro que ahora las cosas "vuelvan a ir mal".

¿Quién lo dice? ¿De dónde procede esta voz

interiorizada? ¿Reconoces ese lenguaje de tu infancia? ¿Te ha hablado así alguien que tenía poder sobre ti y te ha oprimido deliberadamente?

¿Limitas tu potencial (creativo) en tu trabajo haciéndote esas afirmaciones a ti mismo?

Al utilizar este lenguaje, sugieres a tu subconsciente una actitud negativa hacia ti mismo cada vez que lo haces. Si esto ocurre todos los días, te limitas a ti mismo y a tu potencial creativo en tu profesión.

También en tu vida privada, en tus aficiones.

Los "nueve mandamientos" son permisos. No tienes por qué seguirlos, no *debes* hacerlo, no se te prohíbe nada. Pero puedes hacerlo.

En los próximos días, presta especial atención a cómo te hablas a ti mismo. Y, por supuesto, también en tus relaciones con los demás. Observa cuál es tu reacción ante ello. Sé consciente de lo bueno de tu vida y cambia los aspectos negativos permitiéndote cambiar.

Si tan solo desempeñas un trabajo "ejecutivo" de 40 horas semanales, que está bien y es perfectamente lícito, ¿dónde queda tu potencial creativo, tus aficiones y tus intereses? ¿No te atreves a vivirlos porque el trabajo, la responsabilidad o tu familia se apoderan de ti y crees que no tienes tiempo? ¿Ni si quiera para ti?

O ¿das prioridad a todos y a todo lo demás porque no puedes darte el "espacio" que requieres? ¿A caso crees que no te lo mereces? ¿Que no lo vales? ¿Que no eres lo suficientemente bueno? Suele ser un patrón familiar muy recurrente entre los supervivientes.

Presto especial atención cuando una voz interior me habla de manera negativa, cuando el saboteador interior quiere ganar la partida. La mayoría de las veces es mi padre diciéndome que no valgo nada o cosas que me mantienen verbalmente bajo el agua helada.

"De todas formas, no vas a llegar a nada".

"Terminarás de chapero en la Estación Central".

Mis notas de bachillerato fueron recibidas con un encogimiento de hombros, mi título universitario no generó ninguna reacción en absoluto.

No cito aquí a mi padre por venganza, sino para que seas consciente de que, si has oído por parte de tus padres o del agresor valoraciones despectivas similares, negativas y limitadoras, diles adiós. Este tipo de trato hacia ti mismo es contraproducente y no te hará avanzar en tu camino. ¿Quién necesita eso?

Es importante que identifiques exactamente lo que quieres a nivel profesional. Si quieres desarrollarte en una carrera, con qué llenas tu día sin importar lo que sea, siempre que no te sientas incómodo o sepas que estarías "mejor" en otro sitio. Ábrete camino hacia la meta. De nuevo, no te sometas a la "presión" que ya conoces. No te dejes guiar por los miedos o sólo por la perspectiva de obtener la jubilación.

He cambiado de trabajo cinco veces a lo largo de mi vida y nunca lo viví de manera negativa. Mis amigos preocupados por la vida se dedicaban a hablar de seguros, seguridad, pensiones, prosperidad. Para mí, personalmente, se trataba más de si lo que estaba haciendo realmente me llenaba.

Entonces di el siguiente paso: todo lo que aprendes se basa en los demás.

La idea de hacer el mismo trabajo durante cuarenta años puede funcionarte, pero no tiene por qué.

Cuando avanzas y te desarrollas, a menudo trae consigo aventuras e incertidumbre. Cuando cambié de profesión, de maquillador a fotógrafo, también tuve que lidiar con problemas. La gente no confiaba en mí a la hora de hacer el cambio, intentaba hacerme "pequeño".

Escucha siempre con atención y observa a tu interlocutor. ¿Es un consejo bienintencionado o está determinado por la inseguridad y el miedo de la otra persona? ¿O quizás por sus propios patrones limitadores?

¿Son celos, envidia o resentimiento?

¿Conoces el patrón de las personas que han sufrido abusos, en el que se nos mantiene deliberadamente en un papel de víctima, en la pasividad?

"Para ti es fácil decirlo", pensarás. Pero esa es también una actitud negativa. No estoy hablando a la ligera, estoy intentando que seas consciente de algo que podrías estar diciéndote a ti mismo que no hagas. Si no te gusta tu trabajo, ¿lo cambiarías de la noche a la mañana? No. Del mismo modo que no puedes pretender aceptar tus malos tratos de la noche a la mañana. Todo lleva su tiempo. Y empieza cuando cambias tu pensamiento y tu actitud negativa hacia ti mismo.

Por supuesto, se puede tener éxito y aun así no permitirse tener una vida profesional plena.

Tengo un buen amigo en Nueva York, un *broker* de mucho éxito que gana millones al año. Pues resulta que sigue siendo infeliz, sin permitirse realmente vivir lo que le gustaría hacer. Tiene cincuenta y tantos años y está atrapado en sus viejos patrones, todavía controlado por el abuso. Depende emocionalmente de su familia, que a su vez depende económicamente de él. Saben que fue maltratado, pero nunca hablan de ello. Quiere seguir teniendo el "amor de la familia" y apoya económicamente a sus padres. Y lo hace muy generosamente, pero no recibe nada a cambio, ni amor, ni gratitud, ni verdadera cercanía. Básicamente, mi novio preferiría ser fotógrafo o pintor, pero no se da ni tiempo ni espacio para ello. Incluso después de ir a terapia, no consigue liberarse de esta dependencia emocional de su familia. Conoce los patrones que ha vivido durante décadas, pero ha decidido no cambiarlos. Permanece en sus patrones familiares, porque el cambio significaría que tendría que alejarse de su familia, y este miedo es mayor que el deseo de independencia.

<u>Nota del autor:</u>

Como superviviente, ¿qué sientes cuando lees esto? ¿Te inquieta y notas un descontento muy dentro de ti?

¿Qué no estás viviendo?

¿Qué no te atreves a hacer?

¿A quién culpas de tu situación?

¿Hay cosas que podrías cambiar, o al menos empezar a hacer?

¿Eres sincero contigo mismo, o es que el mundo es malo e injusto y que "de todas formas nada tiene sentido" porque "la culpa es de los demás"?

Entonces el saboteador interior sigue teniendo la sartén por el mango.

Vivimos en un mundo digital y multimedia, esto tiene muchas ventajas y facilita la comunicación y nuestra vida cotidiana, pero, por otro lado, trae problemas, entre otras cosas, algo que llamaré aquí el "enturbiamiento" de nuestras mentes.

Estamos literalmente rodeados de demasiada información, básicamente abrumados. Un ejemplo sencillo de mi sector se ilustra con la portada de una revista femenina. Antes, aparecía una modelo sonriendo en la portada, había 3 o 4 titulares y ya está.

Hoy casi ni se ve la sonrisa de la modelo debido a todos los titulares e imágenes que la rodean. Tienen un aspecto muy desordenado.

El contenido de todo el número está detallado en la portada y no con ello la revista tiene mejor aspecto. Si antes había una sección de moda con ocho fotos, hoy encontramos ocho fotos en dos páginas, o collages de tendencias. En consecuencia, nuestra perspectiva cambia con el tiempo. En Internet sigue siendo mucho más fácil ofrecer mucha información comprimida en poco espacio.

Esto es trasladable a todos los ámbitos. Nuestros teléfonos móviles nos convierten en una diana más fácil de influenciar y manipular.

Mucha gente tiene miedo de perderse algo, de no estar conectada. Pero ¿estamos realmente "conectados" con nosotros mismos o con los demás? ¿Estamos realmente conectados, cuando la avalancha de información nos supera y nos vuelve sordos a nuestra propia voz? ¿Cuándo la opinión de los *influencers* es más importante que la nuestra? ¿Cuándo dejamos de oír nuestra propia voz? ¿Cuándo asumimos las opiniones de los demás, en lugar de formar las nuestras propias?

Resulta más difícil mantenernos centrados en nosotros mismos porque las distracciones están literalmente a nuestro alcance todo el tiempo y en todas partes. Tienes que hacerte consciente de cómo utilizas el móvil. Ten cuidado y no dejes que el mundo digital se apodere de ti; no dejes que toda esa basura entre en tu cabeza y en tu forma de pensar.

¿Cómo oirás tu propia voz cuando esté sepultada por todas las demás voces externas? No será audible.

La era digital dificulta a menudo la verdadera comunicación "analógica". El flujo de comunicación y consumo digital ha cambiado drásticamente en los últimos años, más aún a raíz del coronavirus. Durante mucho tiempo estuvimos aislados de otras personas y la comunicación digital nos ayudó a superar la soledad. Para muchos, esa dinámica cobró vida propia.

También pasé mucho tiempo solo durante el primer año de la pandemia, pero disfruto de estar solo y utilicé este tiempo de forma creativa. Muchos de mis amigos, quizá también tú, fue una vivencia totalmente diferente.

Los viejos demonios, el saboteador interior, la soledad, la adicción a la presión, la depresión, los miedos y otros viejos sentimientos y estructuras que al principio parecían negativos, tuvieron mucho espacio y tiempo para imponerse sin perjudicarme realmente.

Tienes que ser fuerte, ser y seguir siendo tú mismo, saber funcionar. No importa si eres un superviviente de abusos sexuales o no.

7. PUEDES CONFIAR ¡INCLUSO EN TI MISMO!

Lo que a menudo se nos presenta como la supuesta única salida o escapatoria, especialmente durante y después de la pandemia, es el mundo digital.

Me gusta hacer la comparación con las estructuras de comunicación del mundo analógico, cuando no había internet, *smartphones*, cientos de canales de televisión, *apps*, portales de citas o pornografía en internet.

¿Por qué menciono, entre otras cosas, la pornografía en Internet? Porque será un importante factor de perturbación y evasión en este capítulo sobre confianza y asociación.

Cuando todo está disponible en Internet, cuando podemos obtener y encargar desde rollos de cocina, sushi, plantas para el balcón, hasta pornografía a través de nuestro ordenador sin necesidad de ponernos en contacto con nadie, algo se queda por el camino. Sucede lo mismo en nuestras relaciones. ¡La comunicación!

En primer lugar, nos impide entablar relaciones reales.

Ningún chat o sexo virtual puede sustituir a "conocer de verdad" a otra persona, porque el intercambio, la experiencia personal y humana, el acercamiento lento y la creación de confianza se quedan en el camino. Y estos son los requisitos previos para las relaciones. Pero ahora, el contacto se reduce a menudo a una experiencia sexual, el acercamiento lento le parece superfluo a muchos, que realmente lo que quieren es evitar la verdadera intimidad. Muchos se esconden detrás de una "identidad en línea", creyendo que no son suficientes, creyendo que no pueden cumplir las expectativas que tiene el mundo o una pareja potencial.

Especialmente para los supervivientes, es importante generar confianza y tomarse tiempo, sobre todo cuando se trata de la sexualidad. Si reducimos a la otra persona (o a nosotros mismos) únicamente a su cuerpo y a sus preferencias (sexuales) para comprobar si ahí se tienen "puntos en común", pasamos por alto el hecho de que la vida de nuestra contraparte (y la nuestra propia), no consiste únicamente en sexo y satisfacción, en un breve encuentro, en la apariencia o los símbolos de estatus, especialmente en una relación íntima, la confianza es importante, un sentimiento que fue destruido en tu primera infancia como superviviente.

La confianza sólo puede construirse a través del tiempo y la experiencia con otra persona. Esto es especialmente importante que lo sepas si tu pareja es un superviviente.

Debemos tener cuidado de no "utilizar" a otras personas como figuras de proyección.

Aunque alguien sea tu "tipo" por fuera, eso no significa que sea adecuado o bueno para ti. Así que no caigas en la misma trampa de siempre, aunque tu contraparte coincida con tus estándares, porque esto a menudo se suma a tus viejas estructuras a lo largo de los años.

Muchas personas buscan la pareja perfecta, que por desgracia no existe, es una ilusión y una evasión de la realidad.

<u>Nota del autor:</u>

Cuando conozcas a alguien, pregúntate si tus patrones recién descubiertos coinciden con los de tu posible pareja.

Cuando somos conscientes de lo que nos mueve, resulta más fácil comunicarlo. Incluso se hace necesario.

Sin duda eres bueno para otras personas, pero ¿esas personas son buenas para ti?

Cada persona que conoces trae consigo más o menos "lastre". Han tenido sus propias experiencias antes de conocerte y no tienen necesariamente nada que ver contigo. Si eres consciente de ello, podrás enfrentarte a la otra persona de forma más relajada. Tú provocas cosas en la otra persona, pero no eres la causa. También puedes calmar tu miedo al contacto y al acercamiento, eligiendo palabras y pensamientos positivos.

Observa cómo te hablas a ti mismo en tu monólogo interior. "¡No soy lo bastante bueno, no tengo buen aspecto, soy demasiado esto, demasiado lo otro, demasiado lo de más allá! No soy "suficiente". Nadie es suficiente y nadie puede cubrir el 100% de todo lo que la otra persona podría esperar en una relación de pareja.

No tienes que ser perfecto, la perfección no existe. Tampoco en los demás. No importa si son supervivientes o no.

Cuando era más joven, yo mismo pensaba que no era lo bastante bueno, que era una "farsa", y cuando alguien se enteraba de quién y cómo era "realmente" y de lo que me movía, o bien se enteraba de mi historial de abusos sexuales, rápidamente huía en dirección contraria. Esto, por desgracia, me ha ocurrido, pero ahora sé que no tenía nada que ver conmigo, sino con los miedos, estructuras y sensibilidades de mi contraparte. Yo no me puedo hacer responsable de ellos.

Aprendí que no debo referirme a esto como "rechazo", y así es como solía sentirme a ello.

Tu propio sentimiento de inferioridad, tu "trastorno", crea inseguridad en ti, que también puedes transferir a tu pareja, o a tu "objeto de deseo".

Así que sé consciente de quién eres y de lo que te ha pasado y no lo veas como una vergüenza o un defecto, porque has sobrevivido y ya estás dando el siguiente paso.

Observa en quién estás proyectando tus deseos, tus sentimientos y comprueba si esa persona es buena para ti o si se trata de una transferencia de antes de que fueras consciente de ti mismo. Ahora tienes la oportunidad de confiar en ti y escuchar tu verdadera voz.

De esta manera podrás compartir lo que te sucede dialogando, intercambiando. Si la otra persona no puede corresponderte o soportarlo, entonces no es la persona adecuada para ti en este momento de tu desarrollo.

La pornografía como medio de evasión

No quiero "arremeter" contra la pornografía, lo mismo ocurre con la prostitución. Tampoco sería correcto condenar la masturbación, porque puede ser muy satisfactoria e importante. La pornografía nunca sustituye a la comunicación, al contacto físico o al intercambio.

El consumo de pornografía no puede sustituir a la cercanía y las emociones, como mucho es un "parche". El perfecto lugar para ello es el digital, puesto que es impersonal, donde uno puede utilizar su supuesto tipo ideal como dicha superficie de proyección según estándares puramente externos. Sin problemas, sin rechazo, porque nunca habrá comunicación ni confrontación.

Es mucho más importante que analices detenidamente si utilizas estas "formas de comunicación", cuándo, con qué frecuencia y por qué, y si se convierte en una adicción, en una compulsión o en tu única forma de actividad sexual. El "uso" de la pornografía como medio, en combinación con la masturbación, también puede convertirse en una adicción.

Como superviviente, ¿cuál es tu relación con la pornografía? ¿Forma parte de tu experiencia sexual?

¿La utilizas para evitar el contacto real, para mantener el control?

Este es también un factor que no debe subestimarse: el control.

Piensas que no puede pasarte nada, porque tú decides cuándo consumes pornografía, qué es seguro para ti y hasta dónde quieres llegar. A priori parece lo más correcto, pero desgraciadamente estás en el medio equivocado. Nunca podrás llegar a conocerte realmente. No aprenderás nada, no te desarrollarás en contacto con otra persona, no intercambiarás ideas. De ahí solo puede surgir más aislamiento y confirma las voces negativas que hay en ti de que no eres suficiente. Mejor quedarse en el lado supuestamente seguro que probar algo nuevo.

¿Percibes el cambio cada vez mayor del mundo analógico al digital? ¿Pasas mucho tiempo con el ordenador?

No estás solo en este comportamiento, le ocurre a mucha gente. No tienes por qué avergonzarte, eso sería contraproducente. La vergüenza no sirve para nada.

El silencio de los hombres

En este punto, me gustaría hablar específicamente de los hombres. ¿Cómo afrontan los supervivientes masculinos (sus) abusos sexuales?

Tras mi "revelación" como superviviente en mi libro *Katharsis* en marzo de 2020, dejé deliberadamente pública mi dirección de correo electrónico. Quería saber cómo les iba a otros supervivientes, cuáles eran sus experiencias.

Quería intercambiar impresiones y vivencias. Quería oír muchas voces. Y vinieron. El 90% eran mujeres y afectados secundarios que me contaron sus historias y me pidieron consejo.

Solo en los tres primeros meses recibí más de 4.000 correos electrónicos y mensajes, y no pude responder personalmente a todos. Muchas gracias por ello, porque me dio la idea para escribir esta guía. Lamento no haber podido responder a todos los mensajes. Era importante que la gente me escribiera, pero sinceramente no tuve la capacidad de responder detalladamente a cada mensaje.

El 90% de los mensajes eran de mujeres. Ellas se comunicaban, no tenían miedo ni ansiedad por compartir sus sentimientos. El diez por ciento de los comentarios y mensajes eran de hombres.

Ahora bien, la disparidad en los abusos sexuales no

es de un noventa por ciento de mujeres y un diez por ciento de hombres. ¿Por qué tan pocos hombres comparten su drama? No importa si has sido maltratado como hombre por otro hombre o por una mujer. Entonces, ¿qué hay detrás de este silencio?

¿Es tan solo por vergüenza de los hombres heterosexuales? ¿Por ver cuestionada su "masculinidad"? ¿Por no alzar la voz cuando sufrieron los abusos sexuales, debido al tabú y a la presión que ejerce la sociedad?

En el caso de los homosexuales, por sus miedos, ya que a menudo crecen con un doble tabú: Ser marginados por ser gays y haber sufrido abusos. El panorama ha cambiado mucho en cuanto a igualdad y derechos de la comunidad LGBTQ+, pero sigue habiendo mucha discriminación y hostilidad.

La tolerancia o la igualdad no prevalecen en todas partes, puedo confirmarlo por experiencia propia.

¿Quizás es la sociedad la que sigue empujando a los hombres a asumir estos papeles? ¿La que simplemente reinterpreta la violencia sexualizada de las mujeres contra los hombres, especialmente los adolescentes? ¿La que no permite que los niños o los hombres se atrevan a hablar de sus abusos?

Hay infinidad de prejuicios que son sencillamente erróneos, porque los hombres no procesan los malos tratos más fácilmente que las mujeres; también necesitan ayuda y no son ellos los culpables de lo que ocurre. No son débiles ni cobardes. Los hombres NO encuentran placentero el sexo con un agresor, no es una "aventura" sexual, aunque ya estén en plena pubertad. La violencia sexualizada no es una experiencia agradable y "educativa" para un chico adolescente.

Creo que a través de la educación podemos dar a muchos jóvenes supervivientes, especialmente hombres, la oportunidad de articularse y superar su trauma.

En algún momento, muchos hombres y mujeres adultos afectados no quieren enfrentarse a sus abusos sexuales. Lo han asumido, el abuso no se aborda, pero con esa postura no podrá producirse la curación. En mis lecturas, y también en intercambios de correos electrónicos, he hablado a menudo con hombres afectados que no contaron a sus parejas, sean hombres o mujeres, los abusos. Esto crea grandes problemas, puesto que es algo muy relevante en la historia de uno que se está encubriendo y manteniendo en secreto. Obviamente, no es la mejor manera de tener una relación satisfactoria y de confianza.

Necesitarás valor y tiempo si decides trabajar en tu abuso.

Tampoco te resultará fácil como pareja de un superviviente, porque el amor no cura todas las heridas.

Y, por supuesto, las parejas también se rompen. Pero no necesariamente por las verdades, sino por los encubrimientos, las mentiras, las decepciones y las heridas que conllevan.

Una consecuencia de los abusos sexuales también puede ser la promiscuidad extrema y la focalización (inconsciente) en ver a la otra persona (y a uno mismo) como un objeto sexual y no como una persona completa. El incremento del comportamiento sexualizado, el que está exclusivamente definido por la sexualidad, tiene lugar a menudo en el mundo gay entre los hombres.

Si solo te defines a ti mismo a través del sexo y la apariencia, entonces existe el peligro de que dejes de tomarte en serio a ti mismo y a tus necesidades y permitas que te exploten, que te utilicen, que "abusen" de ti.

Es un patrón familiar que conoces bien.

Esto se aplica igualmente a las mujeres supervivientes, ya sean lesbianas o heterosexuales. No te dejes instrumentalizar ni utilizar. Di *no*, si no quieres algo, si no te parece bien.

No tienes que participar para "pertenecer". No tienes que ser promiscuo, tomar drogas, pertenecer a un grupo. Tú decides lo que quieres y cuándo. No tienes que estar conectado todo el tiempo por miedo a perderte algo o a que te echen de menos.

¿Y tu mundo "real"? Con tus relaciones y amigos…

¿O son más importantes para ti los amigos de Facebook, TikTok, Twitter, WhatsApp, los videojuegos y los seguidores? Esto concierne sobre todo a los más jóvenes. ¿Pasas demasiado tiempo delante del ordenador chateando, en lugar de conocer a otras personas?

A menudo es una evasión de *nuestra propia* realidad. ¿Qué hay detrás cuando preferimos el lado digital de la comunicación?

La comunicación entre amigos o novios, entre otras muchas cosas, siempre conlleva la posibilidad de conflicto. No puedes mantener siempre alzados los muros (que tú mismo has construido). ¿No quieres probar nada nuevo y prefieres quedarte estancado en el atolladero de patrones y relaciones familiares, aunque no te hagan ningún bien?

Para ti, como superviviente, la asociación y la relación no son fáciles. En cuanto a tu sexualidad, entre otras cosas, la confusión, el miedo, la soledad y el desamparo, fueron desencadenados en el momento del abuso.

Me han preguntado en multitud de ocasiones: ¿Por qué no dijiste nada en aquel momento? ¿Por qué no te defendiste?

Aparte de que estas preguntas por sí solas son una especie de inculpación, me gustaría decirlo y explicarlo claramente aquí en nombre de muchos otros supervivientes:

Porque era un niño pequeño, y por lo tanto no tenía ninguna posibilidad de defenderme contra una mujer adulta dominante.

Porque no entendía lo que estaba pasando.

Porque sentía que lo que me estaban haciendo era violento, invasivo e incorrecto, pero carecía de las habilidades (intelectuales) para comunicarlo.

Porque me sentía impotente, y lo era.

Porque no tenía poder. El adulto, el agresor, es el que ostenta el poder.

Podía dar otras señales, que eran sobre todo físicas, ya que no podía expresarme lingüísticamente por miedo, pero como muchos otros, fueron malinterpretados.

En mi caso, mis padres y mi familia me consideraban una persona difícil de educar, testaruda. En algún momento asumí esa "creencia" de que algo andaba mal conmigo. No aprendí a confiar en mí mismo porque nadie me enseñó, nadie confiaba en mí, ni en lo que yo comunicaba con lenguaje no verbal. El resultado fue que dejé de confiar en mi familia.

Reconocer los signos

Por eso, si tienes un hijo o, como afectado secundario, temes (o sabes) que se han producido malos tratos y abusos, es importante interpretar correctamente las señales (no verbales). Lo primero que hay que hacer es confiar en el niño y tranquilizarlo. Ten cuidado con tus preguntas, porque un niño víctima de abusos sexuales está ante todo asustada y ansiosa. Está herida en cuerpo y alma. Eso significa que será difícil que confíe. Al mismo tiempo, puede que tenga miedo de traicionar al agresor, o de ser abandonado e incomprendido.

No hay que dar por sentado que un niño pueda entender la gravedad y poner nombre a todo lo que le está sucediendo, porque está asustado y perturbado. Además, a menudo es dependiente del agresor, si se trata de su propio padre o madre. Una vez más, seas quien seas para el niño, no te corresponde resolverlo todo solo. Nadie puede hacerlo. Por eso es tan importante buscar ayuda.

Apóyate en profesionales que puedan ayudaros. Para ello existen líneas telefónicas directas y páginas de ayuda en Internet.

Si como superviviente experimentaste actos sexuales de pequeño, unidos al miedo, la violación, las amenazas de muerte y/o incluso a violencia física, esto dificultará tener una relación "sana", plena y autodeterminada como adulto.

El requisito previo para ello es el autoconocimiento, ver a través de los propios patrones, reconocer las voces interiorizadas, los "tres niveles" que se superponen de forma inadvertida, los condicionamientos de la psique y las estructuras.

Lo mismo ocurre para el afectado colateral, la pareja. Te enfrentas a comportamientos y reacciones del superviviente que al principio no puedes entender, porque en muchos casos no tienen nada que ver contigo.

A menudo sólo eres un catalizador, es decir, desencadenas inconscientemente y sin querer, cosas y reacciones en tu pareja cuya causa no eres tú.

Llevar una relación de pareja consciente y amorosa no es fácil, ni siquiera para las personas que no han sufrido abusos sexuales. La pareja y el amor requieren un compromiso constante con el otro. Observar siempre qué tienen que ver tus propias acciones y reacciones con la otra persona. ¿Estás reaccionando inconscientemente a un viejo patrón? Las consecuencias suelen ser drama, celos, sentirse ofendido, falta de confianza, soledad en la pareja, transferencia... y un largo etcétera. Estos son comportamientos y reacciones típicos que se dan en las relaciones.

Al principio, cuando tengas una relación con un

superviviente de abusos sexuales, necesitarás mucha comprensión, consideración y confianza en ti mismo, además de la voluntad de emprender este viaje, este proceso, que puede llevar mucho tiempo.

Cuando tu pareja decide contarte su trauma, es una señal muy grande de confianza y una petición de ayuda y apoyo. El paso de abrirse suele ser difícil para un superviviente. Encontrar su propia voz, expresarse y hacer entender sus sentimientos. No porque uno no pueda hacerlo intelectual o cognitivamente, sino porque no lo ha aprendido.

Porque no se lo permitieron en el pasado. Porque de niño le amordazaron.

Pero esta prohibición ya no ha lugar.

<u>Nota del autor:</u>

Se te permite expresarte, se te permite tener tu propia voz en tu relación y compartirte.

Esto puede resultarte nuevo y poco familiar. A menudo reaccionamos con inseguridad, resentimiento o enfado en las relaciones porque no nos comunicamos lo suficiente o adecuadamente; porque no decimos a la otra persona lo que esperamos o lo que necesitamos, o también lo que no queremos, lo que no nos conviene. ¿Por qué sucede esto?

1. Porque no hemos aprendido a comunicarnos honesta y abiertamente entre nosotros.

2. Porque tenemos miedo de hablar y defender lo que pensamos y necesitamos.

3. Porque practicamos la falsa consideración, no queremos herir a la otra persona, cedemos, no nos creemos lo suficientemente buenos.

4. Porque damos a la otra persona poder sobre nosotros por miedo a perderla.

5. Porque queremos mantener una idealización de la relación y de la pareja, olvidándonos de estar con nosotros mismos.

6. Porque no vemos (o no queremos ver) la realidad, y preferimos seguir en la ilusión.

7. Porque estamos atrapados en la impotencia.

Este no es el camino correcto ni para el superviviente ni para el afectado colateral. Se pierde la visión y el respeto por uno mismo y también por la otra persona. Muchos prefieren ceder y acaban enfadándose porque no comunican la rabia y el resentimiento, sino que se lo tragan permanentemente. El resultado es una explosión, una pelea en toda regla en la que la mayoría de las personas se lanzan a voz en grito cosas que están muy justificadas pero que no se han comunicado con respeto y confianza durante mucho tiempo. Es la gota que colma el vaso,

¿Cómo puede evitarse?

Realmente es muy sencillo, fíjate en los siete puntos

que acabo de mencionar: ¿Cuál de ellos se aplica a ti y cuáles puedes y quieres cambiar a partir de ahora?

1. Mediante una comunicación que no se caracterice inicialmente por las acusaciones.

2. Explicando a la otra persona lo que necesitas, lo que te conviene y lo que no te conviene.

3. Dándote cuenta de que la otra persona no es la causa de tu problema, sino sólo el desencadenante. Además, probablemente su intención no era herirte o asustarte intencionadamente.

Nota del autor:

Tener confianza siempre requiere que primero aprendas a confiar en ti mismo. Crea una base que te apoye. Esto incluye reconocer lo que no te conviene y poder decirlo.

Puedes y debes aprender a comunicar verbalmente tus sentimientos, necesidades y miedos, porque no los llevas escritos en la frente.

Las suposiciones, los deseos y los sueños sobre cómo debería ser o reaccionar tu pareja no tienen nada que ver con la realidad. Todos somos humanos y cometer errores forma parte de la vida, precisamente están para aprender de ellos.

Siguiendo esta premisa, verás como pronto no tendrás que poner toda la mano en el fuego para saber si está caliente o no.

8. ¡PUEDES SOBREVIVIR!

Eres un superviviente.

Asumes la responsabilidad de tu vida y haces cambios que se inician en ti y no siempre (necesariamente) del exterior.

¡Tú mismo los provocas! ¡Puedes sobrevivir!

De ahora en adelante pondrás en práctica estas ideas con más frecuencia. Te permitirás defenderte y no dejarás que otros te "menosprecien" o te prohíban hablar. Tu comprensión y, en consecuencia, tu comportamiento, cambiarán.

Esto ocurrirá en dos pasos.

El primer paso: La puesta en práctica de los puntos que he mencionado (si son nuevos para ti), vendrá primero a través de la relación, de tu mente. Puedes aceptar y comprender las sugerencias, observarte más de cerca, reconocer y cambiar las estructuras según las cuales actúas.

Te darás cuenta, sobre todo, de tus comportamientos contraproducentes o que no te benefician.

Ahora se trata de este momento en el que tú, como superviviente, determinarás conscientemente tu vida. Es normal y comprensible que cometas errores o que no puedas ser consciente de todo inmediatamente.

"Un talento se forma en el silencio, un carácter en la

corriente del mundo", escribió Goethe. En el silencio, a partir de la reflexión que ahora sientes, puede desarrollarse en ti un "nuevo talento". El nuevo "tú" como superviviente que ahora comunicarás al mundo exterior.

Se trata de un proceso continuo que acaba convirtiéndose en "orgánico". Forma parte de ti. En ese momento, cuando lo has comprendido en tu mente, llega a tu mundo emocional y se procesa.

Ese es el segundo paso: El procesamiento emocional y la aceptación de tu historia.

Esto requiere sensibilidad, una especial atención y "vulnerabilidad", para que también puedas permitir aflorar sentimientos reprimidos desde hace mucho tiempo.

Esto puede ir unido al dolor. En la mayoría de las terapias pasamos por el dolor, lo sentimos y experimentamos de nuevo como adultos, y luego lo dejamos ir. La mayoría de las personas tienen miedo de esto, ya sean supervivientes o afectados colaterales, y prefieren boicotear este proceso antes que permitir que suceda.

Pero el dolor no tiene por qué ser un compañero constante en tu vida. Aprendes a lidiar con tus sentimientos y no tienes por qué dejar que te definan. Si te "rindes" a tus sentimientos y permaneces pasivo, ¡renuncias a la responsabilidad sobre ti mismo!

A partir de ahora, asumes la responsabilidad de tu

vida, y estás en tu derecho. ¡Qué sensación tan poderosa y positiva! Tú eres quien decide a partir de ahora cómo continuarás adelante.

El dolor de la violencia sexual que te han infligido y sus consecuencias pronto dejarán de tener el poder de definirte. Solo la represión de lo sucedido tiene como consecuencia que el miedo siga siendo poderoso. A menudo, el miedo ha sido capaz de aparecer y atraparte antes incluso de que sucediera algo. Yo llamo a esto "pre flexión".

Piensas en algo que aún no ha sucedido y sacas conclusiones negativas (profecía autocumplida). Dirige tus pensamientos hacia lo positivo, hacia tu poder y tu curación; eso es más constructivo.

No dejes que el miedo a enfrentarte al problema determine tus acciones.

No permitas que la ignorancia o una falsa vergüenza te creen reticencias a enfrentarte a los malos tratos.

La comunicación con el superviviente también es absolutamente necesaria para los afectados colaterales, porque solo así se podrá encontrar una solución conjunta.

Ambos os enfrentáis al mismo problema: aceptar el hecho de que el abuso sexual ocurrió y cómo lo vais a gestionar. Ahora tenéis la oportunidad de mejorar la situación y aclarar poco a poco entre ambos.

Como afectado secundario, no tengas miedo a cuestionarte a ti mismo o tu comportamiento pasado, ni a reflexionar y observar tus propios procesos y patrones. Quizá no actuaste bien en su momento, te comportaste "mal", pero puedes disculparte por ello. Todo superviviente sentirá que le escuchas y que tu simpatía es sincera.

Puede que hayas cometido errores, que te hayas callado, que no hayas querido confiar en tus suposiciones porque te resultaban demasiado amenazadoras. No estabas suficientemente informado o no podías "ni imaginarte" el abuso sexual a un niño. No sigas callando por miedo a haber cometido errores. Se trata de ahora, de hoy, de cambiar tu dinámica con el superviviente.

Mi tío se "disculpó" conmigo pasados los años. Sabía que no me había tomado en serio, ni a mí ni el tema de los abusos antes del tribunal familiar, y hasta el día de hoy lo sigue lamentando.

Claro que habría estado bien recibir ayuda de niño o según iba creciendo, pero yo no vivo en el pasado, vivo ahora, día a día, conscientemente y sólo puedo aconsejarte que hagas lo mismo. Acepta las disculpas si son sinceras y comprueba si realmente quieres tener algo que ver con esa persona a día de hoy. Si estás preparado para dejar atrás las viejas historias, perdona y sigue adelante.

El proceso continuo de cambio dentro de ti como superviviente, al igual que todos los procesos psicológicos, puede llevar más tiempo porque la mente subconsciente a menudo se aferra a las viejas estructuras y patrones inconscientes. Recuerda que, como superviviente, has estado condicionado de una determinada manera durante años o décadas a consecuencia de tu abuso.

Habrá contratiempos. No te desanimes. Tienes que tomar consciencia de tus éxitos y progresos, especialmente en estos momentos. La comunicación y el intercambio son especialmente importantes ahora, porque permiten la comprensión mutua.

Lugares felices/ Cajas de cristal positivas

Llegados a este punto, me gustaría llamar tu atención sobre una posible trampa de la que yo mismo fui consciente transcurrido mucho tiempo, durante mi propio proceso de curación. Cuando fui a Nueva York a principios de los noventa, asistí a una escuela de arte dramático. Una de las escenas en las que trabajé con un colega era de la obra *The Glass Menagerie*, de Tennessee Williams. Trata de la dinámica familiar, del alcoholismo, los sueños rotos y las despedidas. No tiene un final feliz. Yo interpretaba el papel del hijo, Tom Wingfield. Instintivamente sentí que Tom estaba huyendo y que la única manera de salirse de su familia tendría que ser a través de una marcha abrupta.

Su hermana Laura es minusválida y tiene una colección de animales de cristal. Ella se refugió en su "*Happy Place*", formado por las pequeñas figuras de cristal que guardaba en una vitrina; una "caja de cristal". Esa imagen me acompaña desde entonces.

Todos tenemos nuestros "lugares Felices", nuestras "estaciones de recarga positiva". Pueden ser aficiones, un lugar o una persona (estrella) con la que asociamos algo positivo. O el fútbol, el deporte en general. O la música, los libros, los coches... Nos relacionamos con personas, grupos o individuos que no conocemos personalmente y proyectamos en ellos cosas y estados de ánimo, sentimientos. A menudo esto no tiene mucho que ver con la realidad, porque en una dinámica real todo cambia constantemente sólo con un intercambio. Nuestros "lugares felices" a menudo permanecen intactos ante el cambio. Queremos dejarlos intactos e imperturbables a través del tiempo y el espacio, sumergirnos en ellos y conservar el sentimiento positivo que les hemos otorgado desde el principio.

Cuando tenía doce años, los abusos se detuvieron. Instintivamente me había liberado, escapando activamente. Dejé de volver desde la escuela y "huí" a casa de otro familiar. Entonces mi maltratadora me dejó en paz. Hasta entonces, no tenía un lugar seguro que fuera solo para mí. Mi vida en aquella época estaba dominada por el miedo. Miedo a la escuela, miedo a más abusos sexuales, miedo a mi padre... El miedo era omnipresente y me causaba parálisis. Funcionaba pero no tenía nada a lo que agarrarme. Mi corazón y mi interés no se aferraban a nada porque no había espacio en mí para nada más. Estaba "ocupado" por el abuso y sus consecuencias, el miedo y una conciencia permanentemente culpable.

Más adelante, en abril de 1974, vi a un grupo en el concurso de Eurovisión que se llamaba Grand Prix. Vi a cuatro personas diferentes, artistas llenos de energía, alegría de vivir, ambición y potencial; los que luego pasarían a llamarse ABBA.

¿Qué tiene que ver un grupo de pop sueco de los años setenta con el tema de este libro?

ABBA. Por primera vez, tenía un punto de anclaje positivo para mis sentimientos que no estaban determinados por el miedo.

Hoy ABBA ha pasado a la historia como uno de los mejores y más exitosos grupos de música pop. Entonces era diferente. Viví los altibajos del ascenso del grupo, escuché más detenidamente sus canciones, significaban mucho para mí porque cantaban sobre la soledad, el miedo, la persecución, la guerra, la familia, los conflictos, la terapia, la depresión y el suicidio. Temas que conocía y que definirían mi vida durante mucho tiempo. Con el pasar de los años me sentí más unido a estas cuatro personas que a mi familia.

Les puse en un compartimento especial, en mi "colección de cristal", y los sacaba siempre que necesitaba algo positivo, cuando quería sumergirme en mi "lugar feliz". Su música me calmaba. Todavía hoy me funciona.

Cada uno tiene su propia caja de cristal positiva. Necesitamos estos "retiros" donde no juzgamos nada y, lo que es igual de importante, donde no nos juzgamos a nosotros mismos. Donde ante todo estemos seguros, donde nos permitamos sentir, delirar, disfrutar. Donde no nos puede pasar nada, y tampoco a lo que haya dentro de esa caja de cristal.

Cajas de cristal para lo negativo

Pero, ¿a quién más podemos meter en una "caja de cristal" en nuestras vidas y qué ocurre cuando salimos del victimismo y nos convertimos en supervivientes de un abuso? ¿Se basan estas cajas de cristal en dinámicas negativas del pasado?

¿Existe una "caja de cristal negativa" de la que no nos damos cuenta? ¿Una caja de cristal aparentemente positiva que puede resultar ser una trampa? No me refiero al fútbol, la música o el destino de tus vacaciones, pronto te darás cuenta si te sigue interesando. Me refiero a las personas supuestamente "buenas" que metemos en la caja de cristal positiva. Esto puede ser una trampa emocional.

¿A quién estamos protegiendo, en este caso, en una imaginaria caja de cristal? ¿Puede ser que no queramos destruir la imagen de una persona, que no queramos que se produzca ningún cambio en y sobre nosotros? ¿Tenemos que preservar la imagen de esas personas, supuestamente positiva, que hay en nosotros?

Me refiero a las personas más cercanas de nuestra vida, sobre todo los miembros de la familia. También se aplica a amigos que conocemos desde hace mucho tiempo.

¿Te has preguntado alguna vez por qué una amistad

o una relación que has compartido con alguien durante décadas, se rompe de repente, "de la noche a la mañana"?

¿Por qué has dejado de tener un sentimiento positivo hacia esa persona? ¿Sólo eres capaz de reconocer retrospectivamente lo que ha estado ahí desde hace mucho tiempo? Precisamente eso es lo que es una "caja de cristal negativa".

Ya he mencionado a mi madre en este libro. Murió de cáncer en 1991 y su muerte desencadenó un nuevo trauma en mí, que hizo estallar, a su vez, el trauma del abuso sexual. Todos los sentimientos y recuerdos afloraron de nuevo en mí. Al comenzar con la terapia, que empecé poco después de la muerte de mi madre, me concentré en mi padre y su "culpa", su comportamiento, su ignorancia, porque todavía estaba vivo. Todavía quería y podía tratar con él; un proceso que él no permitía. Al mismo tiempo, sin darme cuenta, puse a mi madre en la caja de cristal positiva. Ella no había hecho activamente nada "malo". Allí estaba, segura e intocable. Cada vez que necesitaba un estímulo imaginario, la sacaba un momento y sentía su mano en mi hombro apoyándome.

Tuvieron que pasar unos cuantos años hasta que me di cuenta de que no estaba cuestionando a mi madre en absoluto.

Ella había estado tan ausente en mi infancia como mi

padre, tampoco había reaccionado a las señales de mi maltrato ni me había protegido. No me había pegado, pero permitió que mi padre me aplicara sus correccionales de agua fría y me pegara. Reaccionó pasivamente ante mis comportamientos. Me envió con mi tía, de la que era amiga, y desde mi perspectiva infantil, sancionó así los malos tratos.

Desde la perspectiva actual, veo a mi madre con otros ojos.

Ella también tuvo una madre autoritaria. Quería agradar, ser querida, y para ella eso significaba no destacar negativamente. No era una luchadora, estaba atrapada en las estructuras de su vida, determinadas externamente. Tenía respeto por su cuñada mayor, la agresora, pero también la tenía miedo porque sabía que esa mujer era taimada. Así que mi madre permaneció pasiva en lugar de defenderse a sí misma y a su hijo, que obviamente estaba traumatizado y angustiado. No podía protegerse ni a sí misma ni a mí. Así que mi madre, al igual que mi padre, abdicó de su responsabilidad, tanto en lo que respecta a mí, como a ella misma.

Por miedo, por inexperiencia, por ignorancia, por posible ignorancia.

Nota del autor:

No culpes a tus padres ni a quienes podrían haberte protegido de pequeño (víctimas secundarias) durante el resto de tu vida, no te servirá de nada.

No te estanques emocionalmente en un callejón sin salida atrapado en tu ira. Esto se debe a que normalmente estás sólo y solo conseguirás marchitarte. Habla sobre los abusos y acusa al agresor.

Si no hay discusión o aclaración con las víctimas secundarias o los agresores pasivos, no te quedes atrapado en la trampa de la ira emocional.

Las acusaciones interminables en el debate o la discusión, desencadenarán una actitud negativa en la víctima secundaria. No se trata de acusar, eso sólo debes dirigirlo al agresor. Sin embargo, los adultos que rodean al niño tienen el deber de protegerle. Si evitan activamente esta protección, también son responsables por su inacción, no por el acto en sí, sino por el hecho de que pueda volver a ocurrir, por no ayudar al niño. Por abandonarle.

Se trata de intercambio y comunicación.

Vigila tus expectativas sobre la persona, lo que quieres de ella y si es capaz de dártelo.

Ten en cuenta que no conseguirás algo de alguien si no quiere dártelo.

No debes aceptar el comportamiento pasivo o la ignorancia de las personas importantes para ti. Pero a veces es mejor dejarles marchar, desvincularte desde dentro y no tener más contacto. Quizá en algún momento se den cuenta de que han actuado mal, pero tú no tienes nada que ver con eso, porque ellos solo pueden llegar a ese punto de manera racional y emocional desde y por sí mismos. Duele cuando te quedas solo por la incapacidad e impotencia de los demás.

Lo he experimentado con mi hermana, que prefiere guardar silencio y prefiere no estar en contacto conmigo porque tiene miedo a la confrontación y no quiere cuestionarse a sí misma ni su comportamiento. Por ello la dejo marchar.

Pregúntate por qué quieres a esas personas en tu vida. Personas que no quieren aceptarte ni recorrer el camino difícil contigo. ¿Por qué sigues "apegado" a ellas?

¿No sería mejor buscar el apoyo y la comprensión de personas que quieren dártelos?

En los últimos años, he hablado con muchas personas en reuniones sociales y otros eventos sobre el abuso sexual y el trabajo de esta guía. Por desgracia, a menudo observo que la mayoría reacciona con estupor, susto, vergüenza y, a veces, asombro. ¿Miedo, ignorancia, vergüenza?

La gente asiente con la cabeza en señal de comprensión porque quieren o tienen que ser políticamente correctos, pero percibo la resistencia de la mayoría de ellos a querer tratar este tema en una conversación. El resultado suele ser echar mano del móvil o cambiar deliberadamente de tema en la conversación. Algunos también se dan la vuelta y se van directamente.

Por supuesto, puedes hacer como si nada cada vez que se ignora deliberadamente la cuestión, pero fíjate mejor en quién reacciona y cómo y luego decide lo importante que es esa persona para ti y para aclarar el asunto.

Proteger al niño

¿Qué sucede cuando te conviertes en afectado colateral al descubrir que tu pareja abusaba de alguien y era un agresor? ¿Qué sucede cuando descubres que tu hijo, hija, madre o padre está abusando de un niño?

Dado que son personas cercanas, personas con las que compartes tu vida, es un choque enorme que debes asumir en primer lugar.

¿Has cometido errores? ¿Estabas distraído? ¿Decidiste mirar hacia otro lado? ¿Quizás el autor era tan hábil que no te diste cuenta?

Lo que cuenta es estar ahí para la persona que ha sufrido la violencia sexual a partir del momento que puedas formar parte activa.

No te calles y de esa manera también estarás actuando preventivamente.

¿Quizás permaneces atrapado en tus estructuras y no te mueves por miedo a que algo cambie en tu vida?

¿Temes no poder hacer frente a esa situación?

¿Tienes valor para acusar a tu pareja y emprender acciones legales si es el agresor? Aunque los malos tratos hayan ocurrido hace mucho tiempo, tienes la oportunidad de intervenir y ayudar.

No te culpes ni te quedes anclado en tu "culpabilidad", eso sería una continuación del comportamiento pasivo contraproducente del pasado.

¿Te unes a la lucha y aceptas cambiar de vida para proteger a tu hijo (adulto)?

¿O preferirás permanecer callado y esperar a que la "víctima" olvide el abuso sexual y todo vuelva a ser como era antes?

Ningún superviviente olvida. Es una cuestión de vida o muerte. Con el tiempo, las cicatrices se abrirán de nuevo.

Los malos tratos causan lesiones psicológicas que no prescriben y sólo pueden curarse con educación. Por no hablar de que, como afectado colateral, tienes que vivir con lo que sabes.

Tu tarea está muy clara: proteger al "niño", aunque haya crecido y en el momento presente ya no lo sea.

Volvamos con el ejemplo de mi madre. Era demasiado tarde para ella y para mí. Ya no podíamos arreglar nada entre nosotros, porque ella había muerto. Yo había reprimido el tema mientras ella vivía y llevaba varios años viviendo en el extranjero cuando murió. A menudo me sentía abrumado por su necesidad de tener un contacto más estrecho, y que yo no podía darle. Un año antes de morir, se alejó emocionalmente de mucha gente, incluidos mi hermana y yo. No pudo hacer frente al cáncer y se rindió.

No quiero juzgar lo que podría haber hecho de otra

manera. Aún guardo un grato recuerdo de mi madre antes de los abusos. Pero de adolescente y adulto joven, el sentimiento, y también el respeto hacia mis padres, cambiaron. Sabía que tenían miedo de tratar temas relacionados con el pasado; no podían lidiar conmigo debido a sus propios condicionamientos.

Pero nosotros, como supervivientes, podemos aprender a ver a través de estas estructuras familiares conformadas por múltiples capas, y dejar ir a las personas del pasado y nuestra ira hacia ellas.

Sobre todo, cuando esas personas ya no están vivas, y cuando entiendes quiénes eran, te pones a la distancia necesaria para comprenderlo. ¿A quién beneficiaría ahora la ira? Desde luego a ti no.

Aprovecha la energía que sigues dando a estas personas y utilízala en tu beneficio. Esta es una forma mucho más productiva y positiva que meterlos en una caja de cristal que sólo desencadena en ti sentimientos negativos como la ira, la decepción, la tristeza o incluso el odio.

Debemos tener cuidado con las personas que metemos en nuestra caja de cristal y que con el paso de los años permanecen allí, ya que podríamos estar conservando un recuerdo falso o transfigurado de esas personas, impidiendo así nuestra curación completa.

Las cajas de cristal "negativas" protegen a los cómplices y a los autores pasivos. Familiares que sabían que se estaban produciendo abusos sexuales, pero guardaron silencio.

Los dejamos dentro de una caja de cristal porque creemos que necesitamos comunicación (interior), armonía y amor por esta persona. Al hacerlo, corremos el peligro de adoptar sus argumentos y su actitud sin reflexionar.

Con ello buscamos un supuesto apoyo, la ayuda que no tuvimos de niños.

Si uno sigue protegiendo (¿inconscientemente?) a un agresor activo, y/o a un agresor pasivo, entonces esto no tiene nada que ver con la prevención o el verdadero cambio.

Uno permanece en un papel pasivo, no libre, y prefiere continuar en una situación supuestamente "pacífica", protegiéndose a sí mismo y al agresor pasivo. Bajo esa premisa, te estás censurando a ti mismo a hablar de los abusos sexuales y de sus consecuencias, formando así parte de la mayoría silenciosa, siendo otro caso de abuso sexual que oficialmente nunca existió.

¡Mi reclamo!

Cada persona afectada puede decidir por sí misma cómo afrontar su situación. Si quiere hablar a viva voz o resolver el problema en silencio.

No obstante, he aquí mi llamamiento personal a ti/vosotros: ¿Qué pasa con todos los supervivientes de abusos sexuales en nuestra sociedad?

¿Dónde estás tú respecto a ellos?

Hago un llamamiento a todas las personas que hayan sufrido abusos sexuales: ¡No importa cuánto tiempo hace que ocurrió el abuso! ¿Por qué sigues permitiendo que "oficialmente" no exista? ¿Por qué te prohíbes hablar? ¿Por qué sigues sucumbiendo a las viejas estructuras, sometiéndote a las leyes no escritas, protegiendo a los agresores activos y pasivos o a los miembros de tu familia, por miedo y por viejas dinámicas no reconocidas?

¿El hecho de que les "entiendan" y no hieran su sensibilidad, es más importante que tú mismo?

¿Por qué dejas de lado tus propias necesidades y no te tomas en serio?

¿Por qué no gritas y evitas más abusos?

Es tu derecho. Es tu obligación. Nadie puede impedírtelo.

Deberíamos alzar la voz juntos. El *Me Too* ha

demostrado, con gran éxito e inmensa fuerza en todo el mundo, que funciona. Rompamos el tabú que aún rodea a los abusos sexuales.

Conserva tus estaciones de recarga y tus cajas de cristal positivas, pero fíjate bien en quién, o qué hay en ellas y si te benefician ahora, en tu camino de cambio, en tu camino dinámico de curación como superviviente.

9. PUEDES CAMINAR POR NUEVOS CAMINOS

De la pasividad a la acción

ABBA publicó un nuevo disco en 2022, ¡después de cuarenta años! "V*oyage*" (El viaje).

La última canción del álbum se titula: Oda a la libertad.

Una oda a la libertad, en la que la cantante se pregunta al final: "¡La causa a la que prestaría mi voz!".

¿Qué causa, qué motivo es realmente tan importante para que le demos voz?

Para ti, como superviviente, la respuesta en este momento puede ser aceptar y procesar tu abuso sexual. Esto incluye encontrar tu propia voz, hacerte oír y que te escuchen.

No tienes por qué guardarte este trauma dentro, donde puede tener efectos negativos sobre ti, tu vida y tu entorno, pudiéndote llevar a la depresión, la soledad, la adicción, la ira, el miedo o la desesperación.

Callar por miedo no es la solución. El silencio sólo conseguirá devorarte y destruirte por dentro.

El silencio no cambia la forma en que la sociedad trata el tabú.

El silencio condiciona el tabú.

Reconoce el miedo que hay en ti, analiza su origen y supéralo.

Renunciar no puede, ni debe, ser una "solución" para ti.

"Ha pasado demasiado tiempo", "No puedo hacerlo", "¡No puedo dejar que eso me condicione!"...

Si tienes esos pensamientos, estás confirmando tus viejos patrones y lo que te ha enseñado a lo largo de los años el maltratador, los afectados colaterales y la sociedad. No importa cuánto tiempo haga que abusaron de ti, ni la edad que tengas en este momento. Siempre hay una oportunidad, tu oportunidad, de liberarte de las viejas estructuras.

Hay muchas organizaciones y grupos a los que puedes acudir. En el apéndice del libro encontrarás una lista de asociaciones y organizaciones que pueden ayudarte.

No puedes hacerlo todo tú solo; ¡no tienes por qué hacerlo!

Puedes compartir experiencias con otros supervivientes. Aprender que no estás solo.

Cada vez que me reúno con otros supervivientes e intercambio ideas, es muy liberador para mí. No tengo que dar explicaciones ni defenderme, porque la otra persona entiende lo que digo ya que ha pasado por algo similar.

Se trata de compartir y probar cosas, de descubrir qué es lo mejor para uno a nivel personal: un grupo, una terapia, conversaciones individuales... Lo principal es que ya no te reconcoma por dentro ni te impida desarrollar todo tu potencial en tu vida privada o profesional.

Las percepciones que has obtenido de la lectura de este libro pueden ser sugerencias, bloques de construcción y señales para el cambio; para el cambio de perspectiva y de cómo te tratas a ti mismo. Puedes reconocer las acciones autodestructivas y desecharlas, ya no las necesitarás; puedes pasar de víctima a superviviente, de la pasividad a la acción.

"El alma es un vasto país", escribió Arthur Schnitzler en 1910.

Hay mucho que descubrir en ti y puedes darte permiso y derecho a hacerlo. Puedes descubrir el trasfondo de tus abusos y enfrentarte al agresor o agresores. Puedes enfrentarte a los agresores pasivos, permitir que las viejas estructuras y pensamientos dentro de ti dejen de tener la sartén por el mango sobre tu vida.

No dejes que esto limite más tu potencial y creatividad.

Puedes y debes probarlo.

Tú no tienes la culpa de lo que sucedió, de lo que te han hecho. Sólo el agresor tiene la culpa.

No tienes por qué tener miedo de tus sentimientos si aprendes a manejarlos. Puedes tomar conscientemente

nuevas decisiones que sean buenas para ti. Ya no tienes
que proteger a nadie. Sólo a ti mismo.

TEPT

Si sientes miedo, ¡mantén la calma! Tus abusos han terminado y estos sentimientos (de pánico) que afloran ahora, se deben a un Trastorno de Estrés Postraumático (TEPT). "Recuerdos" del abuso y sus consecuencias.

¿Qué significa esto exactamente?

Si se ha sufrido un trauma, como el abuso sexual en la infancia, puede producirse un trastorno de estrés traumático agudo. Si éste dura más de seis meses y se manifiesta con síntomas psicológicos y psicosomáticos, entonces hablamos de TEPT. Se experimentan recuerdos traumáticos una y otra vez, a menudo "desencadenados" por voces, olores o imágenes.

Las reacciones incluyen flashbacks, pesadillas y "entumecimiento" emocional, que yo describí como "catarsis". Las consecuencias pueden incluir conductas autolesivas (SVV), así como abuso de sustancias, adicción y dependencias de todo tipo. También produce retraimiento emocional y social. Estos comportamientos pueden haberse convertido en parte habitual de tu conducta y tus reacciones.

Conozco bien estos síntomas y los he padecido durante años sin saber que eran TEPT. Nadie me había explicado nunca lo que significaba.

De pequeño sufrí una derrota mental, una lesión traumática del cuerpo y la mente. No tuve apoyo y la "insociabilidad" de mi padre, sumado al desinterés de mi familia, me venía a confirmar permanentemente que todo era culpa mía.

Las consecuencias de los abusos sexuales me enfermaron en mi infancia y en la juventud.

A menudo me castigaba por mi "incapacidad" para hacer frente a esas "perturbaciones", a pesar de que yo no las había causado. Ya a los cinco años, empecé a hacerme daño inconscientemente. Me rompí la clavícula, el brazo izquierdo seis veces, el derecho, una pierna, luego la otra... y los esguinces de tobillos y articulaciones estaban a la orden del día.

"¡Más vale que tengas cuidado!", fue el comentario de mi padre. "¡Es que eres tan despistado!", fue la reacción de mi madre, encogiéndose de hombros. En las fotos antiguas siempre llevo una venda o algún esparadrapo. Cuando estaba enfermo o herido, significaba que me quedaba en casa.

No era el mejor sitio, pero sí más seguro que en casa de mi tía. Estas lesiones se repitieron hasta que cumplí doce años. Luego, hubo paz. Hasta 1994.

Con 32 años me rompí el brazo y la muñeca (fractura abierta), y me pusieron placas de acero. Pasaron casi nueve meses hasta que pude volver a trabajar. El accidente de moto que causó esta lesión ocurrió un mes después de haber hablado con mi padre, cuando me dijo que los abusos eran una invención mía, que no habían ocurrido y que yo no era "ningún hijo modelo", que siempre había sido un niño difícil de criar.

¡Inversión de la culpa! No le estaba castigando a él, sino a mí mismo, haciéndome daño inconscientemente. Dirigí la ira contra mí y no contra mi padre, que me había defraudado de nuevo. Antes del accidente estaba en México, surfeando unas olas de diez metros de altura. Ignoraba todos los peligros. Corrí varios riesgos inconscientemente. No me importaba lo que me pasara.

Este patrón de autolesión y de ignorar los riesgos de amenaza, puede que te resulte familiar. Mi abuso de sustancias, que no empezó hasta después del accidente, también era claramente un tipo de autolesión, porque me "maltrataba" constantemente al consumir drogas.

Hasta hace tres años seguí teniendo TEPT de vez en cuando. Mientras tanto sabía que eran viejos sentimientos y mecanismos que no tenían nada que ver con ninguna debilidad mental.

Solía tener ataques de pánico solo de pensar en ir a casa de mi tía, donde se produjeron los abusos durante más de ocho años. Fui una vez en 1994, antes de mi grave accidente. Ella llamó a la policía y me acusó de allanamiento de morada. Entonces experimenté una doble "derrota", a causa de la reacción de la agresora y de mi padre.

Desde la perspectiva actual, no me sorprende que siguiera (inconscientemente) haciéndome tanto daño.

Pero, tras años enfrentándome a los malos tratos y analizándolos, los cambios comenzaron a darse.

223

¿Coincidencias?

Mi tía, la perpetradora Hannelore Reh, murió en diciembre de 2018, un año antes de que se publicara *Katharsis*. Un día antes de morir, soñé que moría. ¿Coincidencia? Ninguno de los miembros de mi familia se presentó a su funeral.

Nueve meses después de su muerte, en un vuelo a Alemania en septiembre de 2019, sentí que quería y necesitaba absolutamente volver a la casa y al piso donde habían tenido lugar los abusos durante años. Quería averiguar si las imágenes que habían estado viviendo en mí durante décadas también eran ciertas.

Curiosamente, ese día, cuando en realidad quería visitar a mi hermana, mi navegador por satélite me llevó por una ruta diferente a Bövinghausen, pasando directamente por delante de la susodicha casa. La verja, normalmente siempre cerrada, estaba abierta ese día y vi un coche aparcado delante del garaje. Aproveché la inesperada oportunidad, me detuve espontáneamente y entré. Al cabo de unos minutos, apareció una mujer. La conocía de cuando era pequeño, era la heredera de la finca. Se sorprendió y al mismo tiempo se asustó de encontrarme allí en aquel momento. Hablamos brevemente, ella sabía quién era yo, pues le había escrito después de la muerte de mi tía, pero no me había respondido.

Ese mismo día y en ese mismo momento, mi navegador por satélite me condujo por un camino desconocido hasta mi pueblo natal. ¿Coincidencia?

Después de calmarla, accedió a enseñarme la casa y el jardín. Recorrí el piso de mi tía, donde apenas había cambiado nada en décadas; vi la cruz en la pared del dormitorio donde me proyectaba de niño cuando me penetraba con objetos; vi el cuarto de baño y la bañera donde me orinaba encima, el sofá donde se tumbaba y me obligaba a practicarle sexo oral. Observé conscientemente cada detalle de la escena del crimen. Todas las imágenes estaban allí y coincidían con mis recuerdos.

Todo estaba como antes.

Tan solo una cosa había cambiado. Sabía y sentía que podía acompañarme durante este proceso. ¡Era consciente de mi propia fuerza en esta situación de confrontación!

Sin embargo, en ese momento, no pude permitirme sentir plenamente el dolor de mis abusos. En primer lugar, porque no estaba solo, pero también porque en aquel momento solo habría podido soportar realmente el dolor y la pena de lo que me hicieron de pequeño, en compañía de una persona de confianza. Si tú, como superviviente, quieres volver a visitar la escena del crimen transcurrido un tiempo, te recomiendo que no lo hagas solo. Hazlo con alguien que te conozca bien y que pueda apoyarte.

En ese momento oí la voz de un niño. Me di la vuelta y a mi lado había un niño rubio de nueve años, el hijo de la heredera. Me miró con confianza, me tendió la mano y me saludó. Miré a la heredera, que se dio cuenta de todo, y comprendí emocionado. Recuerdo que pensé: espero que mi tía fuera demasiado vieja en sus últimos años y no pudiera aprovecharse de este maravilloso muchacho.

Después de esta "visita" realmente pude dejar ir a mi abusadora; lo sentí como un exorcismo.

No fue un camino fácil, pero sí importante, porque por fin me permitió deshacerme de mi miedo, de mis dudas y también de mis trastornos postraumáticos. Ya no tenía ningún poder sobre mí. No necesitaba, ni necesito más "pruebas" de los abusos. Sé y siento que todo lo que recuerdo fue verdad.

Mis sueños también cambiaron después de aquella visita. Ya no me quedaba pasivo o paralizado en los sueños, pasé a poder defenderme. Y llegó un momento en que esos sueños desaparecieron.

A partir de todas estas percepciones, el nivel racional y el emocional se han conectado, y como resultado, me he liberado.

Tú tampoco podías defenderte de niño, quizás no tenías medios de escape, ni mecanismos de defensa, ¡igual que yo! Pero ahora es diferente. No puedes hacer desaparecer los abusos, pero ahora tienes herramientas y, sobre todo, el conocimiento para procesarlo y sobrevivir. Esto podría incluir, por ejemplo, volver a visitar la escena del crimen como adulto, como superviviente, para comprobar y confirmar las imágenes que viven en ti. Llévate a un confidente contigo. Las imágenes y sentimientos que afloran de nuevo durante esa "visita al lugar", pueden tener un fuerte impacto en ti y causarte dolor y otras reacciones emocionales. Pero también tendrá lugar un proceso positivo de autoafirmación, que es un paso importante para ti como superviviente.

Tus miedos pueden tener un poder emocional, pero ya no "real" sobre ti, si los observas y los analizas. Ya no tienen por qué determinar tus acciones.

¿Es real el pánico, el miedo y el dolor en estos momentos de recuerdos amenazadores?

¡No! Porque ahora no te pasará nada. ¡El abuso ha terminado! ¡Estás a salvo!

Y, sin embargo, el miedo, el dolor, los sentimientos y las reacciones que provocan el TEPT, parecen reales porque están profundamente arraigados y se desencadenan una y otra vez. Esto es así hasta que tu "yo emocional" comprende que está a salvo.

Si te invade el pánico o te despiertas de una pesadilla, si sientes que el estrés postraumático aflora en tu interior, no te rindas al poder de esos sentimientos. Forman parte del TEPT.

Toma conciencia de que estás en la realidad del "ahora" en este momento. Que no tienes que dar poder a tu "antigua" comprensión emocional del pasado y a los sentimientos asociados a ella.

Dilo en voz alta.

Grítalo si quieres.

Cuando hace unos años me di cuenta de que mi dificultad para respirar y una tos nerviosa e irritable, eran síntomas postraumáticos, desaparecieron al poco tiempo.

El otro día oí hablar de una especie de "terapia rápida". Drogas como el LSD o el éxtasis (Molly), se utilizan bajo observación científica para remediar el TEPT. Esto sin duda puede funcionar en algunos casos, pero sigo creyendo que una curación lenta y continuada es más profunda, porque entonces la mente subconsciente permite aflorar la información de tal manera que podamos ir uniendo los niveles cognitivo y emocional sin presión de tiempo.

¿Autoconocimiento a través de fármacos? Esas terapias nunca me han convencido.

El miedo y los sentimientos de pánico provienen de tu comprensión emocional, que sigue atrapado en el pasado.

Esa parte de ti aún no sabe qué es seguro.

Es el niño abandonado, traicionado y maltratado que llevas dentro.

Niño interior

Imagínatelo. ¡Visualízalo! Y luego dile que ahora tú te encargarás de todo, porque eres grande y fuerte, que has crecido. ¡Ahora tienes el poder! Defenderás a tu niño interior, a ti mismo.

A menudo cargo en brazos a mi niño interior. Tiene cinco años, está asustado, triste y abandonado. No puede entender, categorizar ni procesar el abuso sexual. Yo puedo protegerle. Le tomo en serio. Ahora soy yo quien se responsabiliza de él.

Esto me hace fuerte y me da una razón muy importante para ser activo en el procesamiento de mi abuso sexual. Este trabajo del "niño interior" me ha ayudado mucho. Soy una persona muy visual y puedo aprender con y a través de imágenes. Quizá puedas probarlo por ti mismo. También hay mucha literatura que puedes consultar sobre el "niño interior".

D. EPÍLOGO

PUEDES HACERLO TODO, PERO NO TIENES POR QUÉ SER Y HACERLO TODO

A algunas personas les gusta leer primero la última página de un libro, o el último capítulo, sobre todo, si se trata de un thriller o una novela negra, así saben quién es el asesino. Puede que leas un poco toda la novela y dejes el libro a un lado. Pero también te priva de la experiencia de cómo está estructurado un libro y cómo funcionan los procesos descritos.

Hacer eso no te aportará ningún conocimiento verdadero sobre los Nueve Mandamientos.

Por desgracia, no funciona así. ¿Perder cinco kilos en tres días? ¡No es otra cosa que una falsa promesa!

Tienes que leerte el libro entero si de verdad quieres enterarte de algo, si quieres aprender algo.

Puedes y debes tomarte el tiempo necesario. Y en este caso, leyendo los "Nueve Mandamientos", ¡hay que hacerlo! Es una guía en la que los capítulos se construyen unos sobre otros; el libro es un desarrollo.

Es una guía en la que, a través de mis propias experiencias, se te da acceso a tu propio "caso" personal.

Un libro en el que podemos encontrar nuestros puntos en común, dónde somos iguales.

En ti, el poder de resistencia, el poder de supervivencia (resiliencia) puede, y finalmente se hará, cada vez más fuerte, y eso es algo bueno. Porque:

<u>Nota del autor:</u>

1. Te liberas de la sobrecarga emocional que el perpetrador ha iniciado conscientemente en tu infancia y dirigido hacia una trayectoria negativa.

2. No te verás como una víctima, sino como un superviviente. Esto también significa que debes utilizar conscientemente el lenguaje. No hables negativamente de ti mismo en monólogos o conversaciones interiores; no te regañes ni repitas viejas opiniones y afirmaciones negativas sobre ti.

3. Sabes que hay formas y soluciones para afrontar tus problemas.

4. Buscarás y encontrarás personas que hayan sobrevivido a un trauma similar.

5. Te separarás de personas que (ya) no son buenas para ti, porque la conexión se basa en tus "viejas" estructuras y en tu, a través del abuso irreflexivo, comportamiento.

6. Pedirás y podrás pedir ayuda y la recibirás. Y puedes ayudar a los demás.

7. Sientes tu fuerza y te das cuenta de que la impotencia y el miedo son sentimientos que pasarán.

8.   Eres consciente de ti mismo, de tu "yo". Todo esto repercutirá en tu vida privada y profesional. También en este caso, ya no tendrás que definirte por tus antiguos patrones y podrás cambiar tu comportamiento. Esto, a su vez, cambiará la forma en que te ven los que te rodean.

Nadie tiene derecho a decidir sobre ti y tu vida, excepto tú mismo.

www.ingramcontent.com/pod-product-compliance
Lightning Source LLC
LaVergne TN
LVHW011005200726
843509LV00011B/991